Stephania Sabel

Stephania

Prinzessin im Rollstuhl

„Ich lerne jeden Tag,
dass selbst das Unmögliche möglich ist.“

BRUNNEN
Verlag Giessen · Basel

Die deutschen Namen wurden weitestgehend geändert.
Die gemalten Bilder stammen von der Autorin.
Innenfotos: Zeitschrift „Eltern"; privat

© 2009 Brunnen Verlag Gießen
www.brunnen-verlag.de
Lektorat: Eva-Maria Busch und Heiner Stertkamp
Umschlagfoto: Zeitschrift „Eltern"; Shutterstock
Umschlaggestaltung: Sabine Schweda
Satz: DTP Brunnen
Druck: GGP Media GmbH, Pößneck
ISBN 978-3-7655-1718-1

Inhalt

Danke, Gott!
Ich lerne jeden Tag, dass bei dir
selbst das Unmögliche möglich ist.

Vorwort

„Du hast den Himmel gemacht und die Erde
und auch mein kleines Schicksal kommt aus deiner Hand."
Psalm 121,2

Manch einer würde gerne wissen, was ihm die Zukunft bringt. Ich bin froh, dass ich es nicht wusste, sonst hätten Sie am Horizont nur noch eine Staubwolke gesehen ... so schnell wäre ich davongerannt! Und ich hätte alles Schwere überspringen wollen, um mein ganzes Glück schon viel früher in den Armen halten zu können.

Nie hätte ich gedacht, so viel Schmerz und Leid ertragen zu können. Es wäre mir nicht in den Sinn gekommen, dass es möglich und sogar hilfreich ist, in all dem Leid an Gott festzuhalten. Aber so war es! Und das gab mir Kraft und Mut. Mein Glaube ließ die Freude in meinem Herzen auch in dunkleren Zeiten nicht untergehen.

Gott selbst sieht in mein Innerstes und kennt meine größte Sehnsucht. Mein Herz hört seine Worte, auch wenn die Stimmen der Menschen meine Ohren nicht mehr erreichen. Er verschafft meiner Seele Flügel, obwohl meine Füße auf dem Fußbrett eines Elektrorollstuhls stehen. Er lässt mich das Herz eines Menschen erkennen, obwohl mein Sehvermögen nur noch sehr gering ist.

Gott schenkt mir ein Lebensziel und eine Hoffnung, obgleich sie aus meinem schlichten Ermessen heraus unerreichbar scheinen. Er ist bei mir und erfüllt mich mit Freude an einem Leben, das manch einer nicht einmal für lebenswert halten würde. Und Gott legt mir ein Glück in die Arme, von dem ich nie zu träumen gewagt hätte.

Sie kennen das sicher, wenn man nach einem schweren, anstrengenden Weg zurückblickt und sich fragt, wie man das wohl schaffen konnte. Auch ich frage mich das oft, aber ich weiß auch die Antwort: „Ich schaffe meinen Weg, weil Gott mich hält und begleitet."

Das Unfassbare geschieht

Nur ein Gedanke Gottes

Meine Mutter Beate war das einzige überlebende Kind ihrer Eltern Annette und Herbert. Ihr Bruder Heiner war im Zweiten Weltkrieg an Diphtherie gestorben. Er wurde nur vier Jahre alt.

Nach dem Krieg kam die Familie aus Schlesien in eine norddeutsche Kleinstadt und wohnte auf einem idyllischen Bauernhof. Beate fand in der nahen Kreisstadt eine Stelle als Arzthelferin. Eines Tages kam ein charmanter, gut aussehender Afrikaner grippekrank in ihre Praxis. Der junge Mann stammte aus Belgisch Kongo*. Er studierte in Deutschland Elektrotechnik und absolvierte gerade ein Praktikum bei der Post. Er hieß Pie-Julian Isumo Bomankoy Botuli, aber Beate nannte ihn nur Julian.

Die Erkältung Julians war zwar bald abgeklungen – aber das blieb nicht die einzige Folge der Arztbesuche, denn Julian und Beate verliebten sich ineinander.

Zur damaligen Zeit galt es in dieser kleinen Stadt und insbesondere in ihrer Familie als hochgradig unmoralisch und völlig undenkbar, dass eine deutsche junge Frau mit einem farbigen Afrikaner befreundet sein könnte. Natürlich war auch eine Liebesbeziehung zwischen den beiden gänzlich ausgeschlossen!

Meine Großmutter Annette erzählte mir später von ei-

---

* später Zaire, die heutige Demokratische Republik Kongo

nem Kinderlied, das sie schon als kleines Mädchen gesungen hatte: „Wer hat Angst vorm schwarzen Mann?" Mit dieser Angst war sie aufgewachsen. Und in eben diese Familie hinein sollte nun bald ein farbiges Kind geboren werden.

Mein Vater
Pie-Julian Isumo Bomankoy Botuli (1963)

Damit Nachbarn, Freunde und vor allem ihre Eltern nichts erfuhren, verbrachte Beate mit Julian heimlich ein paar romantische Tage auf der roten Insel Helgoland. Dort begann mein Leben ... Noch war ich im Bauch meiner Mutter und man sollte meinen, dass dies ein geschützter und liebevoller Ort gewesen sei. Aber so war es keinesfalls. Fast sieben Monate lang versuchte meine Mutter, mich aus purer Verzweiflung mit allen Mitteln abzutreiben! Doch weder Hungerkuren, Alkoholexzesse, Rauschmittel, Tabletten,

Abschnürungen noch Stricknadelstöße setzten meinem Leben ein Ende.

Da sich Beate so arg abschnürte, sah keiner, dass sie schwanger war. Sie wirkte eher hager, blass und erschöpft. Für die Eltern war zwar unübersehbar, dass mit ihrer Tochter etwas nicht stimmte, aber an eine Schwangerschaft dachte natürlich keiner.

Ich kämpfte. Ich wollte leben und vor allem wollte ich endlich da heraus! In der Welt draußen konnte es doch nicht schlimmer sein als unter diesen Bedingungen im Bauch meiner Mutter.

Julian, mein Vater, war schon wieder in den Kongo zurückgekehrt, als meine Mutter oben in ihrem Zimmer lag und vor Schmerzen schrie. Annette kam besorgt die Treppe hoch, um nach ihrer Tochter zu sehen: „Was hast du bloß, Kind?"

Beate hielt sich die Seiten und klagte: „Meine Nieren! Meine Nieren!"

Annette dachte gleich an eine schwere Erkältung und brachte ihrer Tochter eine schöne heiße Wärmflasche. Doch die Nierenschmerzen klangen nicht etwa ab, nein, sie wurden nahezu unerträglich. Und so schrie Beate ihre Mutter wutentbrannt an: „Du bist schuld! Du bist an allem schuld! Ich will dich nicht mehr sehen!"

Da bekam Annette es mit der Angst zu tun. Sie lief die Treppe hinunter und rief den langjährigen Hausarzt zu Hilfe. Der kam und untersuchte die 21-jährige junge Frau, die sich vor Schmerzen krümmte. Annette blieb währenddessen unten an der Holztreppe stehen, voller Angst und Sorge. Sie wartete auf ein erleichterndes Wort des Arztes. Und da kam er auch schon.

„Na", fragte er, „wie geht es denn Ihrem Herzen?" Annette war herzkrank und sollte Aufregungen möglichst vermeiden.

„Ach, es geht so leidlich, Herr Doktor", seufzte sie.

„Also, die Beate nehme ich jetzt erst einmal mit ins Krankenhaus. Aber machen Sie sich keine Sorgen, Sie können sie schon morgen besuchen. Dann geht es ihr gewiss wieder besser."

Es war Sonntag, der 12. April 1964, als Annette sich in der Frühe auf den Weg machte, um nach ihrer nierenkranken Tochter zu sehen. An der Pforte der Klinik schickte man sie auf die Wöchnerinnenstation. Annette dachte: „Ach, dann ist die ‚Innere' wohl belegt. Kein Wunder, die jungen Leute sind ja auch viel zu leichtsinnig und ziehen sich nicht warm genug an. Die liegen da sicher alle mit Husten, Schnupfen und Nierenschmerzen." Voller Sorge klopfte sie an die Zimmertür und trat ein.

Im Zimmer lagen noch andere Frauen. Sobald sie die bereits erwartete Besucherin erblickten, begannen sie hinter vorgehaltener Hand miteinander zu tuscheln und zu grinsen. Dann war es mucksmäuschenstill. Alle starrten Annette an. Man hätte eine fallende Stecknadel hören können!

Aus Sorge und Angst wurde Verstörtheit. Annette überfiel eine schreckliche Vorahnung. Fieberhaft wirbelten ihre Gedanken durcheinander: „War da nicht dieser junge Mann gewesen, der Bea heiraten wollte? Aber das kann doch nicht sein, der war ja schwarz! Und diese Beziehung haben wir ihr schließlich verboten – völlig zu Recht. Was würden denn die Leute sagen? Wir haben doch nur noch dieses eine Kind. – Aber … vielleicht ist sie ja … o Gott, welch ein absurder Gedanke!" Und plötzlich wusste sie, was geschehen war.

Wie erstarrt stand sie am Bett ihrer Tochter. Angst und Entsetzen, die Tränen der ganzen Welt unterdrückte sie in ihrer Seele. Dann nahm sie allen Mut zusammen und fragte flüsternd mit zitternder Stimme: „Beate, hast du ein Kind bekommen?"

„Ja, einen Jungen", schien es aus unendlicher Ferne zu klingen.

Annette schluckte, und nun stellte sie die alles entscheidende Frage: „Ist er weiß oder schwarz?"

„Schwarz – und er heißt Stephani."

„Na, dann wird es ja wohl ein Mädel sein", entgegnete Annette. Dann herrschte Stille.

Der schlimmste Alptraum war für Beate und ihre Mutter wahr geworden. Doch was würde erst Herbert dazu sagen? Wie sollte Annette ihrem Mann das Unfassbare erklären?

Da ich mit meinen knapp sieben Monaten noch so klein war, wurde ich direkt nach der Geburt in die Landeshauptstadt gebracht. Dort gab es einen Inkubator, der lebensrettend für mich war. (Dennoch führte fehlende Sorgfalt dazu, dass mein Sehnerv geschädigt wurde. Damals wusste man einfach noch nicht, dass ein unterschiedliches Sauerstoffniveau zwischen Raumsauerstoff und Brutkasten eine fortschreitende Sehnervdegeneration zur Folge haben kann.)

Nach einigen Tagen hatte Annette den ersten Schock überwunden und machte sich auf den Weg, um mich zum ersten Mal in Augenschein zu nehmen. Während der Bahnfahrt hatte sie nur den einen Gedanken: „O Gott, lass das Kindel doch nicht *ganz so schwarz* sein!"

Vor der großen Glasscheibe der Babystation stand schon eine Menschentraube von Müttern, Vätern und anderen Verwandten. Sie lobten stolz ihre wunderschönen Babys. Ganz am Rand stand meine Großmutter. Und dann wurde ein kleines schwarzes Kind an die Scheibe gehalten.

„Zu wem gehört denn dieses Baby?", fragten die Umstehenden. – „Ach, ist das aber ein süßes Kind!" – „Und so klein!"

Meine Großmutter sagte kein Wort. Aus ihrem Herzen kam nur ein Stoßgebet: „O Gott, warum ist ausgerechnet dieses schwarze Kindel unseres? Ach, was würde ich dafür geben, wäre es doch eines der weißen!"

Mit tief gesenktem Kopf machte sich Annette wieder auf den Heimweg. Als sie zu Hause ankam, fragte Herbert: „Na, ist es *sehr* schwarz?" Annette nickte nur. Kopfschüttelnd ging er zu seinem Bienenhaus, das ganz hinten im Garten stand und ihm ein Zufluchtsort war.

Und ich? Mein Kampf ging weiter. Wie ich später erfuhr, muss den Ärzten die Erhaltung meines Lebens eine lästige Pflicht gewesen sein. Obwohl ich weder gewünscht noch gewollt war, konnte man mich doch nicht so einfach umbringen. Dennoch hoffte man wohl auf eine Art Gottesurteil, als man meinen Nabel unversorgt ließ. So bestand die Möglichkeit, dass sich an der Nabelschnur „Wundbrand" bilden würde, was zu meinem Tod geführt hätte.

Dann war da noch das Problem mit meiner Ernährung. Ich brauchte mindestens dreimal am Tag Muttermilch. Aber meine Mutter lag etliche Kilometer entfernt in dem kleinen Krankenhaus meiner Geburtsstadt. Sie gab keine Milch für mich ab. Stattdessen sang sie leise und gedankenverloren Kinderlieder vor sich hin. Die Tatsache, dass sie Mutter geworden war, hatte etwas Unwirkliches für sie. Das eigene Kind schien ihr völlig gleichgültig zu sein. Beate litt an einem tiefgehenden Schock! Vermutlich hatte sich aufgrund der verfrühten Geburt auch noch gar keine Muttermilch gebildet.

Als sich die Situation auch nach einigen Tagen nicht änderte, musste dringend gehandelt werden. Nun wurde meine Großmutter aktiv. Sie hatte sich wieder gefangen und in das Unvermeidliche gefügt.

„Das Kindel kann doch nichts dafür", sagte sie sich. „Es muss doch etwas zu essen haben."

Da meine Mutter mir keine Milch geben konnte, lief Annette durch unsere kleine Stadt und sprach alle jungen Mütter an, die sie auf der Straße traf.

Die Suche nach einer Amme war ein einziger Spießrutenlauf für meine Oma! Die Menschen beschimpften und verhöhnten sie. Sie spuckten vor ihr aus und drehten sich voller Verachtung weg – ein uneheliches Kind, und dann auch noch schwarz, das war eine Schande für die ganze Stadt!

Als sie die Hoffnung schon fast aufgeben wollte, traf Annette eine Frau, die bereit war, drei Fläschchen Milch pro Tag an ein schwarzes Baby abzugeben. Sie hatte Milch für zwei und freute sich, helfen zu können.

So holte meine Großmutter dreimal täglich je ein Fläschchen Muttermilch bei meiner „Fern-Amme" ab, ging zur Bahn und übergab es dem Lokführer. In der Landeshauptstadt angekommen, nahm Schwester Maren das Fläschchen entgegen, brachte es ins Krankenhaus und fütterte mich. Ob ihre Mühe von Erfolg gekrönt sein würde, wussten sie nicht, aber meine Großmutter und die junge Krankenschwester gaben nicht auf. Oft hielt Schwester Maren mich liebevoll im Arm und hoffte von Herzen, dass ich es schaffen würde.

Ich war gerade mal 43 Zentimeter lang – kaum länger als ein Lineal – und wog 1250 Gramm. Damals hatten Frühchen wie ich kaum eine Überlebenschance. So schrieb man es meiner afrikanischen Abstammung zu, dass ich so stark und ausdauernd war und nach wenigen Monaten entlassen werden konnte.

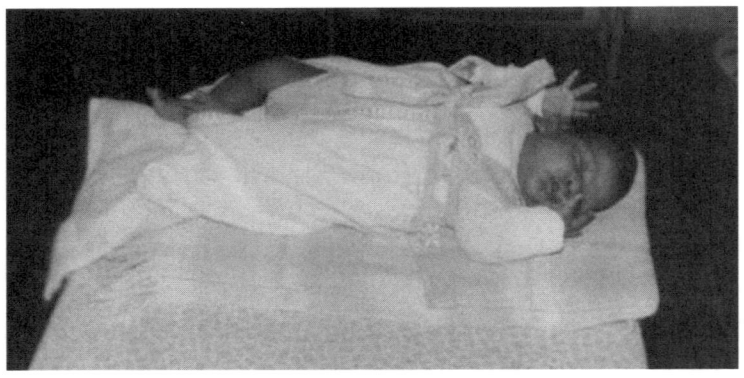

Das bin ich als Baby

Als meine Mutter mich wiedersah, nannte sie mich einfach nur „Püppi". Später schimpfte sie mich „Eulalie!" Mit meinem Namen hatte sie von Anfang an Probleme. Sie sagte mir einmal, dass sie ursprünglich daran gedacht hätte, mich Françoise zu nennen – doch sie sei sich sicher gewesen, dass ein schwarzes Kind so einen schwierigen Namen nicht schreiben könne.

Beim Standesamt wurde ich anfangs als „Stefan" geführt. Meine Mutter wollte kein Kind, und wenn schon, dann wenigstens einen Sohn. So bekam ich den Namen eines Jungen. Meine Mutter teilte ihn der Hebamme nach der Geburt mit. Die Hebamme gab den Namen dann an das Einwohnermeldeamt weiter, damit er in die amtliche Geburtsurkunde eingetragen werden sollte. So erzählte es mir später meine Großmutter.

Einige Zeit später schickte Beate meine Oma ins Rathaus, aber nicht etwa, um aus dem Jungen- einen Mädchennamen zu machen. Sie wollte lediglich erreichen, dass das „f" in meinem Namen in „ph" geändert werden sollte. Ich sollte also „Stephan" heißen.

Auf dem Standesamt sagte meine Oma im Gehen, die Klinke schon in der Hand: „Ach, hängen Sie noch ein ‚i' dran. Es ist doch ein Mädel."

Und somit hieß ich fortan Stephani.

Du sollst leben

Nun war der große – oder sollte ich besser sagen: der gefürchtete – Tag da. Meine Großmutter und meine Mutter holten mich nach Hause. Doch so einfach war das nicht. Denn zu Hause wartete Herbert, der Vater meiner Mutter, und weigerte sich lautstark tobend, „diesen schwarzen Bastard" unter seinem Dach wohnen zu lassen!

Die letzten Monate waren für ihn wie ein Alptraum gewesen. Seine Bea und ein Kind von einem Schwarzen! Das war doch unmöglich … Nein, das durfte einfach nicht sein!

„Untersteht euch!", schrie er. „In mein Haus kommt

dieser schwarze Bastard nicht! Nur über meine Leiche und noch nicht einmal dann! Wenn Beate es wagt, damit anzukommen, dann fliegt sie gleich mit ihm raus. – Das ist nicht mehr meine Tochter!"

Alle Beschwichtigungsversuche waren vergebens. Doch dann fiel meiner Mutter eine List ein: Ihre großherzige Freundin Emma musste her. Wenn Emma ihren Rubenskörper so in die Tür schieben würde, dass Beate mit mir hinter dem Rücken ihrer mütterlichen Freundin zur Treppe hochhuschen und sich oben einschließen könnte, wäre es geschafft. Der Plan gelang! Annette verwickelte Herbert in ein Wortgefecht, Emma schob sich in den Türrahmen und meine Mutter lief dann mit mir auf dem Arm ins Haus.

Als mein Großvater merkte, was da gespielt wurde, schrie er: „Ihr werdet schon sehen, was ihr davon habt!" Wutentbrannt marschierte er in den Garten Richtung Bienenhaus.

Es war geschafft, ich war zu Hause! Anfangs diente mir die Couch als provisorisches Bettchen. Später bekam ich ein Körbchen mit einem hellen, gelben Himmel.

Trotz meines regen Appetits und meiner Aufmerksamkeit ging es mir gesundheitlich nicht besonders gut, denn mein Nabel war ja immer noch nicht versorgt worden. Da ging meine Großmutter zu unserem Hausarzt und flehte ihn an, er möge mir doch helfen, damit ich nicht an „Wundbrand" sterben musste.

Ihre Tränen rührten das Herz des Arztes und am folgenden Tag durfte sie mich in seine Praxis bringen. Er beschnitt meine Nabelschnur und band anschließend ein Fünfmarkstück fest auf meinen Nabel.

„Wenn das nicht hilft, können wir nichts mehr tun", meinte er besorgt.

Aber es half sehr gut, denn ich lebe!

Wenn Gott das Herz verändert

Ständig musste meine Familie die Beleidigungen und den Hohn ihrer Mitmenschen über sich ergehen lassen. Mein Großvater wurde hämisch gefragt: „Du, Herbert, der schwarze Bastard, ist das *deiner*?" Oder: „Ist das *deine* Tochter, die von dem Neger ein Kind hat?"

Mein Großvater versank dann jedes Mal vor Scham im Boden! Meine Großmutter wusste diesen verbalen Attacken schon besser zu trotzen.

All das brachte meine Mutter Beate auf die Idee, nun doch zu heiraten. Nicht etwa meinen Vater, sondern einen deutschen Soldaten. Als sie eines Tages ihren Bräutigam vorstellte, waren ihre Eltern sehr überrascht. Aber auch sie fanden die Idee gar nicht mal schlecht. „Das ist ein guter Schachzug, denn es wird das Gerede der Leute hoffentlich verstummen lassen. Und schließlich braucht so ein Kind doch einen Vater."

Es war kurz vor der geplanten Hochzeit von Beate und Wolfgang; ich war damals gerade 15 Wochen alt. Meine Großmutter hatte mich gebadet und in weiche Tücher gewickelt, als es plötzlich an der Tür klingelte. Sie legte mich auf die Waschmaschine, auf der sich eine Wickelunterlage befand, und bat Wolfgang, mich sicher zu halten, während sie zur Tür ging.

Als sie kurze Zeit später ins Badezimmer zurückkam, blieb sie erstarrt im Türrahmen stehen. Sie traute ihren Augen nicht: Der Verlobte meiner Mutter hatte die Handtücher um mich herum entfernt und seine Hose geöffnet. Mit einer Bürste mit Kupferborsten, wie man sie zur Holzverarbeitung verwendet, schrubbte er meinen kleinen Unterleib, bis ich in Strömen blutete. Meine Großmutter stand zitternd in der Tür und traute sich nicht einmal zu atmen. Erst nachdem er sich über mir ergossen hatte und sich wieder anzog, gelang es ihr, sich zu räuspern. Mit dem Mut des Entsetzens trat sie vor und griff nach mir. Sie brachte mich zu meiner Mutter und berichtete ihr, was mir widerfahren war.

„Beate, diesen Mann kannst du nicht heiraten!", beschwor sie ihre Tochter. „Schau mal, was er deinem Kind angetan hat!"

„Und ob ich das kann!", widersprach Beate trotzig.

Zwei Wochen später war es soweit. Meine Mutter heiratete Wolfgang.

„Herbert", rief meine Großmutter. „Herbert, ich hänge noch eben die Windeln auf und dann gehe ich mit zum Standesamt. Du wirst auf das Kindel Obacht geben!"

„Dieser Bastard geht mich nichts an!", entgegnete mein Großvater. „Ich gehe zu meinen Bienen."

„Keine Widerrede jetzt! Du wirst auf das Kindel aufpassen. Wehe dir, es ist ihm etwas zugestoßen, wenn ich wiederkomme!"

Meine Großmutter ging in den Garten, hängte die Windeln auf die Leine und machte sich auf den Weg zum Standesamt.

Herbert saß noch eine Weile am Küchentisch und richtete seine Angelausrüstung. Dann stand er auf, um zu seinen Bienen zu gehen. Er hatte schon die Türklinke in der Hand, als ein herzzerreißendes Babygeschrei die Stille durchbrach.

„Mein Gott", dachte er, „die schreit ja um ihr Leben!"

Plötzlich ergriff ihn eine große Angst, und er lief von der Küche durch den Flur bis in das Zimmer, wo mein Körbchen stand. Als er sorgenvoll hineinblickte, da strahlte ich ihn auf einmal an.

Mein Opa war wie verzaubert! Später sagte er zu mir: „Stephile, als ich dich zum ersten Mal sah, da strahlten mich deine schwarzen Augen tränenglitzernd an, wie kleine Kohlenstückel, und dein Lächeln reichte von einem Ohr bis zum anderen. Da hat Gott mein Herz verändert. Von da an liebte ich dich. Seit diesem Tag trage ich dich auf meinen Armen und ich lasse dich nie wieder los. Du bist ein richtiges Geschenk für mich!"

Mein Großvater wurde mein bester Freund, der liebste Mensch, den ich je kennenlernte. Aus Herbert wurde liebevoll „Happy", denn wir hatten riesigen Spaß daran, wenn wir gemeinsam die Welt auf den Kopf stellen konnten. Er war voller Fantasie und Schabernack, immer mit einem Lächeln auf den Lippen.

Heute denke ich, dass Gott mir meinen Großvater schenkte, weil er wusste, dass Freude und Glück auch in meinem Leben nicht fehlen durften. Denn für mich war fortan das Leben mit dem neuen Mann meiner Mutter die Hölle auf Erden.

Die Hölle auf Erden

Die Puppe Ulliese

Von Anfang an hatte Beate sehr wohl gewusst, dass ihren Mann der Grundbesitz seiner Schwiegereltern viel mehr reizte als die Schönheit seiner jungen Frau. Doch schien ihr das ein geringeres Übel als die ständigen Tuscheleien und die offene Verachtung der Nachbarn, ja sogar der eigenen Eltern. Welch ein verhängnisvoller Irrtum!

Als ihr dies klar wurde, hätte sie diesen Tyrannen gern verlassen, aber nun war sie erneut schwanger. Vielleicht würde sich ja mit einem Kind von Wolfgang ihr sehnlichster Wunsch erfüllen: von ihrem Mann wirklich geliebt zu werden und endlich ein normales Familienleben zu führen. Aber da gab es jemanden, der diesem Wunsch im Wege stand: und das war ich.

Als ich zwei Jahre alt war, fuhren Beate und Wolfgang mit mir und meiner kleinen Schwester Karina zu unseren Großeltern.

Mein Großvater spielte mit mir. Als ich irgendwann nach meiner Mutter verlangte, suchte ich sie vergebens. Sie war nirgends zu finden. Ich begriff: „Meine Mama hat mich bei Oma und Opa zurückgelassen. Sie will mich nicht mehr!"

Mein Schock war so groß, dass ich gar nicht mehr aufhören konnte zu weinen. Ich lag in der Einfahrt und trommelte mit den Fäusten auf die Steine. Ich schrie so laut und herzzerreißend, dass selbst unsere Nachbarn aus den Häusern kamen, um zu sehen, was denn mit mir los sei. Von den Sorgen der Nachbarn merkte ich allerdings nichts. Mir war, als würden alle Tränen, die ich fähig war zu weinen, auf einmal aus mir herausfließen.

Nach einer ganzen Weile war ich erschöpft und konnte nur noch leise schluchzen. Nun war es meiner Oma endlich möglich, mich auf den Arm zu nehmen, um mich zu trösten.

Was war passiert? Meine Mutter war mit ihrem Mann und ihrer kleinen Tochter zu Freunden in den Süden gefahren. Offenbar wollten sie sich endlich einmal wie eine richtige Familie fühlen – ohne Streit und Ärger, ohne die missgünstigen Blicke der anderen, ohne mich.

Als meine Mutter nach ihrem Urlaub wieder vor mir stand, da mochte ich sie nicht einmal mehr anschauen. Ich war erst zwei Jahre alt und doch stand für mich fest, dass ich mit dieser Frau nichts mehr zu tun haben wollte! Ich suchte Schutz zwischen den Beinen meiner Großmutter und weigerte mich, Beate auch nur eines Blickes zu würdigen. Man versuchte mich zu animieren, doch mit meiner Mutter zu reden. – Vergebens!

Da hielt mir meine Mutter eine Puppe hin. Sie hatte ein samtig blaues Kleidchen an und ihr Gesichtchen war wie aus Porzellan. „Sieh doch mal, was ich dir mitgebracht habe. Die Puppe ist von Tante Luise."

In meiner Rührung verstand ich: „Die Puppe heißt Ulliese." So drückte ich die Puppe voller Freude fest an mich und rief: „Meine Ulliese, meine Ulliese!" Ich hüpfte mit meiner neuen Puppe glücklich durch das Haus. Das Geschenk hatte mich versöhnlich gestimmt, weil ich annahm, dass Ulliese ein Geschenk meiner Mutter war. Und so folgerte ich, dass meine Mutter mich trotz der langen Trennung also doch noch lieb hatte.

Immer öfter floh meine Mutter mit mir zu ihren Eltern, wenn Wolfgang wieder zu viel getrunken hatte und seiner Wut freien Lauf ließ. Als wir das erste Mal spät am Abend bei meinen Großeltern ankamen, bat Beate: „Nehmt ihr das Kind, ich will es nicht mehr. Ich ertrage das nicht länger!"

Meine Großeltern hatten mich lieb, aber ihre Antwort war für mich fast wie ein Todesurteil: „Du hast dir die Suppe eingebrockt. Jetzt löffelst du sie auch eigenhändig wieder aus!"

Ich kam also nicht zu meinen Großeltern, sondern musste in der Familie meiner Mutter bleiben, bis ich 18 Jahre alt war. Diese Entscheidung tat meinen Großeltern zwar später leid, aber sie machten sie niemals rückgängig.

Grenzenloser Jähzorn

Wolfgangs Aggressivität war für meine Mutter und mich kaum noch zu ertragen. Es wurde für Beate erst leichter, als sie sich mit ihrem Mann gegen mich verbündete. Für mich eine unerträgliche Situation!

Aber trotz dieser Allianz musste Beate sich ebenso wie ihre Eltern vor dem Jähzorn ihres Mannes fürchten. War seine Wut entbrannt – und das konnte von einer Sekunde auf die andere geschehen –, suchte er mit aller Kraft zu zerstören!

An einem Sommertag hatten mein Großvater Happy und Wolfgang schon frühmorgens zusammen gefischt. Sie brachten viele Aale mit nach Hause. Meine Großmutter saß in der Sonne im Hof und nahm die Tiere aus. Einen Teil briet sie in der Pfanne, doch die meisten wurden hinter dem Stall im alten Waschkessel geräuchert.

Währenddessen spielten meine Schwester Karina und ich mit unserem Kätzchen Minka. Wir hatten ihr Puppenkleider angezogen und versuchten sie nun unter Aufwendung all unseres Geschicks im Puppenwagen durch die Gegend zu schieben. Karina war fünf und ich sechs Jahre alt.

Es schien jedoch, als sei unser kleines Katzenkind von dieser Fahrt im Puppenwagen nicht so begeistert. Es wehrte sich mit Zähnen und Krallen, sodass wir es nicht mehr halten konnten. Der Aalduft war einfach zu verlockend! Fauchend und schimpfend schaffte Minka es, sich von den Puppenkleidern zu befreien … und dann nichts wie hin, zwischen Omas Beine. Sehr geschickt erbeutete sie in einem Moment der Unachtsamkeit einen kleinen, dünnen Aal und versuchte, ihn wegzuschleppen.

Wir Kinder freuten uns, und auch unsere Oma musste lachen, weil dieses kleine Kätzchen so geschickt gewesen war. Doch uns blieb das Lachen im Hals stecken, als wir Wolfgangs Reaktion sahen. Er griff nach dem eisernen Kehrblech und schlug mit einem gezielten Hieb unserem Kätzchen den Kopf ab!

Wir waren so schockiert, dass wir kein Wort herausbrachten. Eben hatten wir noch mit diesem süßen kleinen Fratz gespielt – und jetzt …

Nach dem ersten Schreck stand unsere Oma auf, nahm meine kleine Schwester und mich und ging mit uns ins Haus. Wir Kinder zitterten am ganzen Leib, unsere Augen fragten laut: „Warum? Warum nur?", aber wir waren nicht in der Lage zu sprechen. Wir weinten nur bitterlich. Oma erging es ebenso.

Wolfgang trat den kleinen Katzenkörper beiseite, griff nach einem Aal und nahm ihn aus – skrupellos und eiskalt, als sei nichts geschehen. Schlagartig wurde uns bewusst: Was Wolfgang mit unserem Kätzchen gemacht hatte, das hätte er auch uns antun können! Wir hielten einander ganz fest.

Wolfgangs Brutalität nahm kein Ende. Jahre später wollten wir ein Wochenende bei meinen Großeltern verbringen. Eigentlich hatten wir schon am Freitag abfahren wollen, aber Wolfgang war nachmittags so wütend aus der Kaserne gekommen (er war Soldat), dass er sich erst einmal abreagieren musste. Schlussendlich fuhren wir erst am Samstag nach dem Mittagessen los.

Die Fahrt war sehr bedrückend. Mittlerweile waren wir fünf Kinder. Die beiden jüngsten, Bastian und Bernhardt, hockten im Kofferraum des Kombis, Karina, Reinhardt und ich saßen auf der Rückbank und unsere Mutter auf dem Beifahrersitz, während Wolfgang wutschnaubend die anderthalbstündige Fahrt hinter sich brachte.

Wir Kinder waren still, sogar die beiden Kleinen. Mir liefen heiße Tränen über die Wangen. Karina saß hilflos daneben und Reinhardt starrte stumm aus dem Fenster. Normalerweise sang Beate „Hoch auf dem gelben Wagen", „Adieu, mein kleiner Gardeoffizier" oder irgendetwas Lustiges, aber auf dieser Fahrt war auch sie still. Mir war, als bliebe die Zeit stehen.

Doch endlich waren wir am Ziel. Unsere Großeltern freuten sich sehr, uns wiederzusehen. Alle wurden herzlich begrüßt. Schlesischer Pflaumenkuchen, guter hausgemachter Kartoffelsalat und Schokoladenpudding mit Vanillesauce warteten schon auf uns. Die Spannung legte sich und alle waren froh, endlich bei Oma und Opa zu sein.

Während alle anderen aus dem Auto sprangen, blieb ich darin sitzen. Ich wusste einfach nicht, wie ich dort herauskommen sollte. Mein Großvater sah mich ganz verwundert an. Normalerweise war ich die Erste, die aus dem Auto stieg, denn ich war glücklich, wenn ich bei meinen Großeltern sein konnte. Heute jedoch schwammen Tränen in meinen Augen, die ich nicht verbergen konnte, denn selbst beim Atmen, beim Sitzen, bei jeder noch so kleinen Bewegung tat mir alles weh.

Happy bemerkte meine Tränen, doch er sagte nichts. Er reichte mir nur still die Hand. Schmerzverzerrt kroch ich langsam aus dem Auto. Da standen wir nun. Ich spürte Happys Besorgnis.

Als er mich in den Arm nehmen wollte, brach es aus mir heraus: „Bitte nicht, es tut ja alles so weh!"

Erschreckt sah mich mein Großvater an: „Stephile, geh schon mal zum Bienenhaus, ich komme gleich nach. Ich will nur schnell ,Hallo' sagen."

Ich nickte. Unter Tränen machte ich mich auf den Weg.

Besorgt öffnete Happy die Holztür zum Bienenhaus. Ich stand in der Mitte des kleinen Schleuderraumes, als mein Großvater mich in Augenschein nahm. Er sah, wie meine Hände zitterten. Ich hatte einen dicken blauen Fleck auf der einen Hand und die andere war an der Kante aufgerissen.

„Stephile, zieh bitte deine Strickjacke aus", bat mich mein Opa. Er wollte sehen, ob ich noch mehr Verletzungen hatte und wie schwer sie waren. Doch das gestaltete sich recht schmerzhaft und langwierig, da das Blut an der Strickjacke angetrocknet war. Als ich sie auszog, rissen einige Wunden wieder auf. Er sah meine verletzten Arme und bat mich, auch noch Bluse, Rock, Schuhe und Strümpfe auszuziehen.

Da stand ich nun in meinem Höschen. Leise liefen mir die Tränen über die Wangen. Und als ich zu meinem Großvater hochsah, weinte auch er. Er sah mich an und sagte kein Wort. Ihm konnten meine schweren Verletzungen natürlich nicht verborgen bleiben. Zitternd blickte er auf meinen zerschlagenen, wunden Körper, auf verschorfte Risse und auf ganz frische Wunden. Ich hatte Striemen von Wolfgangs Gürtel auf Rücken, Armen, Brust und Bauch. Etliche Verletzungen zeugten auch von den Wutausbrüchen meiner Mutter.

Ich weinte leise, als er langsam um mich herumging. Dann öffnete er seinen Schrank und nahm eine große Dose Glyzerin heraus. Immer noch schweigend begann er, meine Wunden damit einzureiben. Ich schluchzte in mich hinein. Als er endlich fertig war, sagte Happy fest entschlossen: „Stephile, zieh dich jetzt an und komm nach oben. Denen werde ich was erzählen!"

„Nein!", rief ich erschrocken. „Nein, bitte nicht! Wolfgang bringt mich um, wenn du mit ihm schimpfst. Sag ihm nichts, ich bitte dich!" Vor lauter Angst konnte ich gar nicht mehr aufhören zu schluchzen.

Opa versuchte, mich zu trösten, und streichelte vorsichtig meine Wangen. Als mein Schluchzen nachließ, stampfte er zutiefst erschüttert und wütend nach oben. Mühevoll zog ich mich an. Dann machte ich mich auch auf den Weg ins Haus.

Als ich endlich im Innenhof des kleinen Bauernhofes

ankam, stürmte mir Wolfgang schon wutentbrannt entgegen: „Ich habe dir verboten zu petzen! Ich habe es dir verboten! Na warte, wenn wir wieder zu Hause sind, dann bringe ich dich um!" Er schlug mir verächtlich ins Gesicht und ging vom Hof.

Oma half mir die Stufen hoch ins Haus. Auch sie hatte Tränen in den Augen.

Wie man an dieser Episode sieht, war Wolfgang ein zutiefst brutaler und perverser Mensch! Er betrog und schlug seine junge Frau, er misshandelte und missbrauchte mich. Sein Jähzorn machte aber auch vor seinen leiblichen Kindern nicht halt.

Ein Kinderlachen

Schon der Weg zu meinen Großeltern war stets etwas Besonderes für mich. Etwa auf halber Strecke führte er durch eine kleine Allee. Große alte Bäume säumten rechts und links die Straße und in der Mitte überlappten sich ihre Zweige. Im strahlenden Licht der Sonne schien es mir, als würde Gott ganz persönlich seine Hand über mich halten. Da wusste ich, dass doch noch alles gut würde, dass Gott mich nicht vergessen hatte und meinem Herzen ganz nahe war.

Dieses tiefe Wissen verdanke ich meinem kindlichen Glauben und den biblischen Geschichten, die ich im Kindergottesdienst gehört hatte, zu dem Oma und Opa mich, wenn ich sie besuchte, ganz selbstverständlich begleiteten. Und da war noch diese Gewissheit in meiner Seele, die Gewissheit, dass da trotz allem jemand war, der mich in Liebe ansah und in all dem Leid nicht allein ließ. Das war mein Trost. Das gab mir Kraft und ließ mich hoffen. Hoffen auf eine Zeit ohne Prügel, ohne Hunger, ohne Missbrauch.

Zwischen meinen Großeltern
war ich immer am glücklichsten

Bei den Großeltern ging es mir meistens gut. Sie achteten sehr darauf, dass mich niemand misshandelte; und auch in der Nacht konnte ich zwischen ihnen im Doppelbett beruhigt und sicher schlafen. Bei ihnen fühlte ich mich geborgen und zu Hause.

Meine Oma hatte ich von Herzen gern, aber meinen Großvater liebte ich über alles! Ich war bereit, daheim alles zu ertragen, wenn ich ihn nur am Wochenende und in den Ferien wiedersehen durfte. Happy war mein bester Freund, ein toller Spielkamerad. Manchmal war er wie mein Kind, ein anderes Mal wie mein Vater und dann wieder wie ein richtiger Opa. Ich konnte mit ihm weinen und lachen.

Mein Großvater war ein ganz besonderer Mann: Gott hatte den Hass, den er früher Menschen gegenüber empfunden hatte, die anders waren als er, in eine tiefe und wunderbare Liebe zu mir verwandelt. Er verteidigte mich sogar handgreiflich: Als ein Müllergeselle mich einmal als „Bastard" beschimpfte, stieß Happy ihn wütend in die Mehlsäcke.

Eigentlich konnte er selbst kaum glauben, was da mit ihm geschehen war. Es war unser letzter gemeinsamer Herbst, als ich auf seinem Schoß saß und er mir einen Apfel schabte. Mit einem kleinen Löffel kratzte er das Fruchtfleisch aus dem Apfel heraus. Seit ich ein Baby war, hat er mich auf diese Weise mit unseren köstlichen Äpfeln gefüttert. Nun war ich schon vierzehn Jahre alt, und doch ließ er es sich nicht nehmen, mich wie damals zu verwöhnen, um mir zu zeigen, wie lieb er mich hatte.

Andere Kinder bekommen von ihren Großeltern vielleicht Süßigkeiten und werden lieb gedrückt. Mein Großvater versuchte mir Geborgenheit zu geben, indem er lachend einen Apfel für mich schabte und sagte: „Ach, Stephile, damals, als du noch so klein warst ... und sieh dich jetzt an ..." Das war so ein Moment der Erinnerung, ein Augenblick der tiefen Geborgenheit. Wenn ich heute daran zurückdenke, meine ich, noch immer den Apfel zu schmecken.

Mein Großvater drückte seine Liebe aus, indem er mir zeigte: „Ich halte dich geborgen, obwohl du schon so groß bist. Für mich bleibst du doch immer mein Stephile. Bei mir kann dir nichts geschehen." Es war ihm egal, wie lang und wie alt ich war. Ich war einfach sein kleines Mädchen. Und das tat mir unendlich gut!

„Stephile", sagte er, „Gott hat mich verändert, als ich dich zum ersten Mal sah. Er hat mich so sehr verändert, dass ich es kaum glauben kann!"

Wenn ich beschreiben soll, was für mich Geborgenheit ist, dann denke ich immer an die haltenden, schützenden Arme meines Großvaters.

Happy verstand meine Seele: Er hatte mir als kleines Mädchen einmal einen Riesenrammler geschenkt, ein erst wenige Tage altes Kaninchen. Sogleich nannte ich es nach meinem Großvater „Happie". Ach, was war das doch für ein süßes kleines Knäuelchen. Seine Augen waren noch geschlossen und sein graues Fell war so herrlich weich. Happie hatte noch in meiner Kinderhand Platz. Mit der Zeit machte mein Kaninchen seiner Gattung jedoch alle Ehre, denn es war mächtig gewachsen.

An einem Samstagmorgen kam ich fröhlich trällernd in den Stall. Mein Großvater hielt Happie an seinen langen Löffeln. Ich erstarrte vor Schreck!

„Was machst du da?", fragte ich drohend. „Der wird nicht geschlachtet!"

„Stephile", beschwichtigte er mich, „dein Kaninchen hat Schnupfen. Wenn ich es jetzt nicht schlachte, dann können wir es nicht mehr essen."

Fest entschlossen sah ich meinen Großvater an. Dann holte ich tief Luft und schüttelte missbilligend den Kopf: „Aber Opa, wenn du krank bist, dann schlachten wir dich doch auch nicht!"

Happy nickte nur und setzte mein Kaninchen wieder in

den Stall zurück. Es starb erst viel später eines natürlichen Todes und wurde auch nicht gegessen, sondern beerdigt.

Mein Opa Happy machte jeden Schabernack mit, oder er konnte ihn einfach nicht verhindern. Im Sommer vor meiner Einschulung beklagte ich mich bei meinen Großeltern darüber, dass ich noch immer nicht schwimmen konnte.

Noch bevor Happy überhaupt etwas dazu sagen konnte, meldete sich meine Großmutter schimpfend zu Wort: „Stephani, Wasser hat keine Balken! Das ist viel zu gefährlich! Schlag dir das ein für alle Mal aus dem Kopf. Schwimmen lernst du nicht! Das kommt gar nicht in Frage! Ich sage es nur einmal: Du gehst mir nicht ans Wasser! Habe ich mich da klar genug ausgedrückt?" So wütend hatte ich meine Oma nur erlebt, wenn sie mit Wolfgang schimpfte.

Trotzdem gelang es mir, Happy zu überreden, mit mir ins Schwimmbad zu gehen.

„Aber nur auf die Liegewiese!" Mein Großvater hatte die strikte Order, auf mich achtzugeben. Da duldete meine Oma keinerlei Widerspruch!

Mit ein paar Broten, etwas Obst, einer Flasche selbst gepresstem Apfelsaft und einer große Decke zum Sonnenbaden machten wir uns auf den Weg. Vergnügt schlenderten wir auf den stillgelegten Bahngleisen entlang zum Schwimmbad. Happy erinnerte mich noch einmal mit ernster Miene an Omas Worte: „Das Kind darf nicht ins Wasser!" Dann zahlten wir unseren Eintritt und los ging es ins Vergnügen!

Anfangs war ich auch noch ganz zufrieden auf der Liegewiese, doch dann wurde mein Wunsch, schwimmen zu lernen, immer größer. Ich bettelte und quengelte so lange, bis Happy mir erlaubte, meine Füße an der Nichtschwimmertreppe nass zu machen. Dann setzte ich mich auf die erste Stufe und rutschte vorsichtig auf die zweite und die dritte. Ich stand langsam auf und ging nach und nach immer weiter runter. „Stephile, das reicht jetzt!", ertönte es vom Beckenrand.

Da erschien der Bademeister und unterhielt sich mit meinem Großvater. Das war meine Chance. Mit einem Satz war ich ganz im Wasser! Als Opa es merkte, schimpfte er: „Stephani, komm da sofort raus!"

„Ja, gleich, ich will nur noch schnell mein ‚Seepferdchen' machen."

Mein Großvater hatte keine Ahnung, was „Seepferdchen" bedeutete; vermutlich dachte er an eine kurze Schwimmfigur. Doch als der Bademeister mit seiner langen Metallstange ankam, an deren Ende ein großer Ring war, bekam Happy es doch mit der Angst zu tun! Dem Bademeister gelang es, ihn aber wieder zu beruhigen – und so machte ich mein „Seepferdchen". Ich schwamm einmal quer durchs Becken. Ehrlich gesagt, befand ich mich dabei mehr unter als über Wasser, denn ich konnte ja noch gar nicht schwimmen. Doch der Bademeister erkannte die große Mühe an, die ich mir gab, und so bestand ich die Schwimmprüfung.

Mein Opa war sichtlich erleichtert, als ich das gegenüberliegende Ufer erreicht hatte, ohne auf halbem Wege zu ertrinken!

„So, Stephile, das ist jetzt aber genug. Komm raus, wir gehen!"

„Nein, nein! Jetzt bin ich schon so in Übung. Da mache ich auch noch ‚Frei' und ‚Fahrten'."

Der Bademeister versicherte meinem Großvater, dass er ständig mit der Rettungsstange über mir wachen würde, und ich würde auf diese Weise ganz gewiss schwimmen lernen. Happy schüttelte nur seufzend den Kopf.

„Wissen Sie", sagte der Bademeister. „Sie haben da einen ziemlichen Trotzkopf, und ich denke, dass Sie das Fräulein sowieso nicht aus dem Wasser kriegen, bevor es seinen Willen durchgesetzt hat." Ich nickte zustimmend! Nun blieb Happy nichts anderes übrig, als mich schweren Herzens gewähren zu lassen.

Für das Freischwimmerabzeichen musste ich 15 Minuten an einem Stück im Wasser schwimmen, für das Fahrtenschwimmerabzeichen eine halbe Stunde lang. Ich schwamm und tauchte (unfreiwillig) immer im Kreis herum, eine Menge Wasser schluckend.

Der Bademeister konnte es gar nicht mehr mit ansehen. Er fragte mich immer wieder: „Möchtest du nicht lieber rauskommen? Dann fass einfach den Ring am Ende der Stange und ich zieh dich an den Beckenrand."

„Nein, nein, das will ich nicht! Ich schaffe das schon!"

Happy brachte nur noch ein klägliches „Ach, Stephile!" heraus. Aber ich gab nicht auf! Nach einer Dreiviertelstunde konnte ich tatsächlich schwimmen, sogar auf dem Rücken!

Ich stieg völlig erschöpft aus dem Wasser. Da fiel mir mein Opa erleichtert um den Hals: „Ach, Stephile, ich bin richtig stolz auf dich!", sagte er glücklich, fügte aber etwas ängstlich hinzu: „Aber jetzt gehen wir doch heim, oder?"

„Klar, aber erst müssen wir die Schwimmabzeichen abholen."

Auf dem Heimweg beschwor mich mein Großvater, der

Oma nichts davon zu erzählen, denn sonst würde sie furchtbar schimpfen.

Wieder zu Hause angekommen, stürmte ich jubelnd, die Schwimmabzeichen schwenkend, auf meine Oma zu. Und da platzte es auch schon aus mir heraus: „Oma, guck mal, was ich gemacht habe … Oh!" Ich schlug die Hand vor den Mund. Jetzt hatte ich es ja doch verraten.

Die Wochenenden mit meinem Großvater waren herrlich! Ganz ohne Hunger, ohne Prügel und ohne Angst. Bei ihm durfte ich einfach nur Kind sein. Am Ende des Besuchs wünschte ich mir immer, ich könnte ihn in den Koffer packen und mit nach Hause nehmen.

Du bist für mich da

An den Wochenenden bei meinen Großeltern sorgte meine Oma dafür, dass auch ich etwas Anständiges zu essen bekam und möglichst mit allen anderen am Tisch sitzen durfte. Bei meiner Mutter und Wolfgang gab es für mich oft nämlich nur unappetitliche Reste. Wenn ich mich weigerte, sie zu essen, wurde ich in die kleine Gästetoilette gesperrt. Mit dem Teller auf dem Schoß musste ich dort stundenlang ausharren. Da ich ein Trotzkopf war, aß ich diesen Fraß nicht. Einmal hatte ich ihn in die Toilette gespült, weil mir vom bloßen Hinsehen schon übel wurde. Doch das hatte eine besonders brutale Bestrafung durch meine Mutter und ihren Mann zur Folge: „Weil man das Essen nicht ungestraft in die Toilette spült, wo doch so viele Menschen hungern!"

Da ich auch im Kindergottesdienst gehört hatte, man solle kein Essen wegwerfen, gehorchte ich meiner Mutter. Ich saß also auf dem Toilettendeckel mit dem Teller in der Hand und harrte der Strafe, die da kommen würde, wenn sich die Tür öffnete und mein Teller immer noch voll war.

Meistens schloss meine Mutter die Tür nach zwei Stunden wieder auf. Wenn sie sah, dass ich nicht gegessen hatte, schimpfte sie: „Na, warte! Wenn Wolfgang kommt, wirst du dein blaues Wunder erleben!" Dann versperrte sie die Tür erneut so lange, bis ihr Mann von der Arbeit kam, um mich zu züchtigen. In dieser Zeit hoffte ich inständig, dass ich die Toilette nicht benutzen musste. Denn meine Mutter hätte sofort angenommen, dass ich mein Essen nun doch hinuntergespült hätte. Für mich war das eine furchtbare Angst, weil ich oft stundenlang dort aushalten musste.

Wenn Wolfgang dann nach Hause kam, schlug er wie von Sinnen auf mich ein. Der Teller flog dabei samt Essen durch den Flur. Diese Form der Züchtigung wiederholte sich fünf Jahre lang, bis wir in eine andere Stadt zogen, in eine Wohnung ohne Gästetoilette. Oft wurde ich sogar zweimal verprügelt: erst von meiner Mutter und abends noch einmal von ihrem Mann.

Als meiner Mutter einmal der Stock abbrach, während sie mich schlug, lief sie in die Küche und holte die Bratpfanne vom Herd. Dabei fielen die Würstchen zu Boden, die sie darin angebraten hatte. Wie im Rausch prügelte sie mit der Pfanne auf mich ein, bis ich schließlich zusammenbrach.

Woher ich die Kraft nahm, mich wieder zu erheben? Ich weiß es nicht. Doch mit einem Mal stand ich vor ihr!

Damals war ich erst neun Jahre alt, aber ich erinnere mich noch genau, dass ich sie fest ansah und sagte: „Du kannst mich totschlagen, aber Jesus, der in mir wohnt, den triffst du nicht!" Obwohl ich noch so jung war, spürte ich etwas von Gottes Gegenwart. Das gab mir Kraft.

Leider hielt es meine Mutter nicht davon ab, weiter auf mich einzuschlagen. Sie hörte erst auf, als ich bewegungslos auf den Badezimmerfliesen lag. Dann ließ sie erschöpft die Pfanne fallen, knallte die Türe hinter sich zu und setzte sich in die Stube aufs Sofa, um zu sticken.

Nach dieser schrecklichen Prügelaktion schleppte ich mich ins Mädchenzimmer. Am Tisch saß meine kleine Schwester und weinte. Natürlich hatte sie den Streit mitbekommen. Nun ließ ich mich vorsichtig auf mein Bett sinken, aber da hörte ich auch schon die Stimme meiner Mutter: „Wenn du das Bett blutig machst, dann wäschst du es gefälligst wieder aus!" Und so quälte ich mich wieder hoch, schleifte die Bettdecke hinter mir her ins Badezimmer und spülte die Blutflecken mit kaltem Wasser heraus.

Wenn wir sonntags bei meinen Großeltern als Familie zu Besuch waren, durfte auch ich mit am Tisch sitzen. Leider nie sehr lange, denn Wolfgang sah mich an, als wollte er mich bei jedem Bissen, den ich zum Mund führte, geradewegs verschlingen! Ich brachte dann vor lauter Angst gar nichts mehr herunter. Ich sollte auch hier nicht am selben Tisch sitzen und schon gar nicht so ein gutes Essen genießen dürfen wie Wolfgang und seine Familie. Und wenn schon, dann wollte er es auf keinen Fall mit ansehen.

Für mich war diese Form von Gewalt noch schlimmer, als verprügelt zu werden, weil Wolfgang hier in einen Bereich eindrang, in dem ich doch eigentlich, beschützt von meinen Großeltern, sicher sein sollte.

Wolfgangs Verhalten hatte zur Folge, dass ich ängstlich dasaß und mein Essen nicht anrühren konnte. Aber da hatte er die Rechnung ohne meine Großmutter gemacht. Sie litt zwar an grauem Star, doch entging ihr sein böser Blick ebenso wenig wie mir. Oma schimpfte dann: „Stephani, iss! Und Wolfgang, du guckst gefälligst auf deinen eigenen Teller!"

Wenn Wolfgangs Blick dann immer noch nicht von mir abließ, nahm meine Oma meinen Teller, packte mich bei der Hand und brachte mich in die Küche. „Kind, iss, das wird dir guttun. Hier starrt dich keiner an. Ich komme gleich wieder und setze mich zu dir."

Bis zu meinem achtzehnten Lebensjahr war ich so dünn, dass man meine Rippen zählen konnte. So kam es, dass mich die Kinder in der Schule als „Bohnenstange" und „Negerwalli" beschimpften.

Familienbande

Meine Schwester Karina

Meine jüngere Schwester Karina war eine Rubensschönheit mit wunderschönen langen, dunkelbraunen Haaren. Ich nannte sie liebevoll neckend „Mücke". Wir Schwestern waren schon als Kinder völlig verschieden, und das nicht nur äußerlich. Karina war das Kind weißer Eltern, ich war Mulattin. Ich war groß und schlank und hatte viele Flausen im Kopf. Und Mücke? Sie war das wohlerzogene Gegenteil von mir.

Ich wusste ziemlich genau, was ich wollte. Mücke wusste, was unsere Mutter wollte, und das tat sie dann auch. Sie war der ganze Stolz ihrer Eltern und versuchte seit jeher, ihrer Mutter nachzueifern. Ich hatte oft „den Schalk im Nacken", während Karina lieb, brav und folgsam war. Trotzdem verstanden wir uns gut.

Karina hatte immer viele wunderschöne Puppen, die sie wie Babys pflegte. Sie gab ihnen zu essen und wickelte sie, sie wusch sogar ihre Wäsche und bettete sie schön. Mein Puppenkontingent war eher schmal. Ich spielte auch mit ihnen, aber wie Babys behandelte ich sie nicht.

Eines Tages – sie war sieben und ich acht Jahre alt – kam Mücke zu mir. Dicke Tränen liefen ihr übers Gesicht: „Meine Helga ist so unglücklich, ihre Haare sind zu lang. Jetzt muss sie zum Friseur."

Helga war Karinas Puppe. Ihre Haare waren blond und reichten bis zum Po. Ich war selbst ein fantasievolles Kind, konnte stundenlang im Gras liegen und träumen. Aber dieser Puppenkult, der ging mir wirklich zu weit. Karina und ich teilten uns damals ein Zimmer. Und so erlebte ich jeden Morgen dieselbe Prozedur: Noch bevor wir zur Schule gingen, zog sie ihre Puppen um und fütterte sie, allen Argumenten zum Trotz. Für meine kleine Schwester waren Puppen wie lebendige Kinder. Ich hatte schon manches Mal Babys gehütet und wusste, dass es da erhebliche Unterschiede gab. Doch nun stand sie da mit ihrer Helga in der Hand und weinte, weil Helgas Haare zu lang waren.

Ich versicherte, dass ich eine prima Friseuse sei, und begann, Helga die Haare zu schneiden. Zu Beginn reichten ihre Haare, wie schon gesagt, bis zum Po. Und nach Vollendung meines künstlerischen Werks hatte Helga den schönsten Mecki-Schnitt aller Zeiten. Na ja, ganz so kurz sollte es eigentlich nicht werden, aber irgendwie sah es schon verwegen aus!

Karina fragte immer wieder: „Bist du auch ganz sicher, dass die Haare wieder wachsen?"

„Aber klar doch. Du musst sie nur kräftig gießen!"

Mücke war richtig süß! Jeden Morgen stand sie ganz früh auf, holte die kleine rote Plastikgießkanne und goss ihrer Helga die Stoppeln. Anfangs noch behutsam mit beruhigenden Worten, doch später immer energischer und lauter: „Nun wachst doch endlich!"

Ich hielt mir mit beiden Händen den Mund zu, sonst hätte ich laut losgeprustet.

Nach einiger Zeit begann meine kleine Schwester mir aber dann doch leidzutun, denn sie saß allabendlich mit dem Lineal im Bett und maß die spärlichen Haarreste ihrer Puppe.

Da fasste ich mir ein Herz. Ich erklärte Karina, dass Puppen eben nur Puppen sind, dass man sie lieb haben und mit ihnen spielen kann, aber die Haare würden bei ihnen auf gar keinen Fall wachsen. Und Helga würde wohl bis ans Ende ihrer Tage Stoppeln auf dem Kopf haben, falls sie ihr keine Perücke bastelte.

Mücke war sehr geknickt! Weil ich meinen Streich nun doch bereute, schenkte ich ihr zum Trost meine Puppe Ulliese. Sie hatte noch lange, braune Haare, die bis zum Po reichten. Ein paar Tage später war alles wieder vergessen und Karina spielte mir einen Streich. Wir waren eben zwei ganz normale Schwestern, die sich liebten und sich neckten, und wir waren froh, dass wir einander hatten.

Karina war nicht nur für ihre Puppen die geborene Mutter, sie war es später auch für die ganze Familie. Neben Oma und Wolfgang war sie die Einzige, die kochen konnte. Und dafür waren wir ihr alle sehr dankbar, denn sonst hätte es jeden Tag „Milch mit Nudeln" oder „Nudeln mit Milch" gegeben. Sie hielt das Haus in Ordnung und kümmerte sich um uns, wenn wir krank waren. Karina war es, die mir die Windpocken erträglich machte und über den weißen Puder in meinem dunklen Gesicht lachte. Sie war es auch, die mir schon mal meine störrischen Haare fest auf Wickler zog und glatt föhnte, weil ich einem Jungen gefallen wollte.

Als wir elf und zehn Jahre alt waren, rettete sie mich aus einer sehr beängstigenden Situation. Auf dem Heimweg von der Schule gingen wir über ein Feuchtgelände, in dessen Mitte eine kleine Hausruine stand. Damals war meine Sehbehinderung schon recht weit fortgeschritten, doch eine Brille besaß ich nicht, weil sich eigentlich niemand dafür interessierte. Hätte ich jedoch sehen können, was da auf dem Boden herumkroch, so hätte ich im Leben keinen Fuß auf dieses Grundstück gesetzt. Aber ich sah es nicht. Und als ich es bemerkte, weil ich plötzlich auf etwas Weiches getreten hatte, da war es bereits zu spät. Wir standen schon vor der Ruine.

„Du, Mücke, da ist was unter meinem Fuß. Das fühlt sich ganz komisch an."

„Ach, das sind nur die Nacktschnecken. Die liegen hier überall zu Tausenden auf dem Boden rum."

„Nacktschnecken!?"

„Ja, so was Ähnliches, wie dicke Würmer."

„Dicke Würmer? Aaaaaaaa! Ich geh hier nicht weiter, keinen Schritt!" Ich stand da wie eine Salzsäule.

„Nun stell dich doch nicht so an! Du bist doch den ganzen Weg bis hierher gegangen. Das restliche Stück schaffst du jetzt auch noch."

„Nein, nein! Geh du allein weiter. Ich bleibe hier stehen, bis sie weg sind."

„Na schön, dann bis morgen!"

„Nein, nein! Lass mich mit diesem Viehzeug bloß nicht allein!"

Karina sah keine andere Möglichkeit, als mich huckepack zu nehmen. Als wir dann endlich wieder schneckenfreien Boden unter den Füßen hatten, meinte sie kopfschüttelnd: „Wer ist eigentlich die Ältere von uns beiden, du oder ich?"

Mücke liebte es, sich zu schminken. Ich hingegen wusste nicht so recht, was das alles sollte. Ich cremte mich auch ein, aber ich fand, dass ich mich dadurch optisch nicht sonderlich verändert hatte. Doch bei Karina war das offensichtlich anders: Sie fühlte sich hübsch – und das war sie auch!

Mit sechzehn Jahren fand ich, dass es langsam Zeit wurde, auch bei mir in Sachen Schönheit etwas zu unternehmen. Ich war groß und schlank und verstand es, mich schön anzuziehen. Doch mit dem Schminken war das so eine Sache. Da unsere Mutter sich ein kleines Zubrot als Kosmetikvertreterin verdiente, besaß auch ich eine Menge Schminkzeug. Aber ich hatte es bisher nicht benutzt. Nun wollte ich nicht länger nur von Natur aus schön sein, ich wollte wie meine Schwester toll geschminkt sein.

„Ich will auch hübsch sein", beklagte ich mich.

Das war das Stichwort, auf das meine Schwester wohl schon seit einer Ewigkeit gewartet hatte. Voller Freude legte sie los! Sie cremte mich liebevoll mit allem möglichen Zeug ein. Nach über einer Stunde war sie endlich fertig. Mücke war sehr zufrieden mit ihrem Werk. Sogar unsere Mutter und unser Bruder Reinhardt lobten sie. Nur ich konnte nicht feststellen, was denn da nun anders aussehen sollte. Meine Sehbehinderung machte es mir unmöglich, mich im Spiegel vernünftig anzuschauen. Ich sah mich zwar, aber alles war schon sehr verschwommen.

„Wahrscheinlich ist es einfach dieses Gefühl, ganz lieb verwöhnt zu werden", dachte ich. „Das schöne Gefühl bei der Gesichtsmassage ... der weiche Pinsel an den Wangen ... ob man mir das wohl ansieht?"

Karina ging zufrieden und stolz in ihr Zimmer zurück und ich musste lächeln. Als meine Mutter das sah, zeigte sie mit dem Finger auf mein Gesicht und sagte ganz überrascht: „Eulalie, du hast ja Grübchen!"

Ich war total entsetzt! Was waren denn Grübchen? Ich

44

lief ins Bad und suchte in meinem Spiegelbild nach diesen Grübchen, aber ich konnte sie nicht sehen. Sorgenvoll ging ich zu meiner Schwester.

„Sag mal, sehe ich schlecht aus?"

„Nö, wieso? Ich habe dich doch gerade erst geschminkt."

„Mama sagt, ich habe Grübchen. Ist das etwas Schlimmes? Bin ich krank? Wie sieht das aus? Und wie geht das wieder weg?" Ich war richtig aufgeregt. Und was tat meine Schwester? Sie bog sich vor Lachen!

„Stephi, das ist etwas ganz Schönes! Jeder will Grübchen haben. Und du hast welche, wenn du lachst. Das sind … hmmm, kleine Löcher in der Backe."

„Was?" Es durchzuckte mich bis ins Mark! Die Tränen schossen mir in die Augen und ich begann zu zittern: „Oh nein! Wie kommen die denn da hin?" Karina versuchte, mir alles zu erklären, aber ich hörte gar nicht richtig hin. Ich wusste nur eins: Ich hatte Löcher in der Backe!

„Ach, hättest du mich doch nie geschminkt, vielleicht hätte man sie dann nicht gesehen!"

Als ich mich ein bisschen beruhigt hatte, sagte Mücke ganz lieb: „Stephi, komm, lach doch mal."

„Nein! O nein, ich lache nie wieder!"

„Doch! Und ich zeig dir deine Grübchen." Ganz, ganz vorsichtig bewegte ich meine Mundwinkel nach außen. Meine Schwester nahm meine Zeigefinger und legte sie in zwei kleine Vertiefungen, rechts und links auf meine Wangen. „Das sind ja nur kleine Dellen, keine richtigen Löcher!" Ach, was war ich erleichtert!

Mücke sagte: „Du siehst schön aus mit deinen Grübchen!" Und ganz langsam verging meine Angst.

Einige Zeit später gab es eine heftige Auseinandersetzung zwischen uns beiden. Damals war Karina ein geradezu besessener Heintje-Fan. Tag und Nacht hallte es durch den Flur: „Mama, du sollst doch nicht um deinen Jungen weinen! Mama ..." – und zwar in unerträglicher Lautstärke. Ich verlangte energisch, dass sie Kopfhörer tragen oder die Lautstärke drosseln sollte. Doch Mücke war in Angriffsstimmung und stellte die Musik noch lauter. Da legte ich den Arm des Plattenspielers energisch zurück, sah sie warnend an und ging. Aber ich hatte noch nicht die Tür meines Zimmers erreicht, da erscholl Heintjes Stimme erneut: „Mama, du sollst doch nicht um deinen Jungen weinen! Mama ..."

Na, da reichte es mir aber! Ich stampfte zurück in Karinas Zimmer, griff nach der sich drehenden Platte, nahm sie zwischen beide Hände und brach sie über meinem Knie entzwei. Erleichtert aufatmend ging ich wieder. Mücke weinte, schimpfte und rannte zu unserer Mutter, welche postwendend in mein Zimmer kam, mich ohrfeigte und mein Taschengeld verlangte, um Karina eine neue Platte zu kaufen. Sie hatte ganz vergessen, dass ich ja gar kein Taschengeld bekam. Und so musste ich mir durch Babysitten und Pfandflaschen-Wegbringen das Geld für die LP verdienen. Ich gab es meiner Schwester – und die hatte doch tatsächlich nichts Besseres zu tun, als im nächsten Plattenladen eine neue Heintje-LP zu kaufen.

Und so kam es, wie es kommen musste, als erneut der Ruf: „Mama, du sollst doch nicht ..." auf dem Flur ertönte. Ich glaube, ich habe diese Platte noch zwei- oder dreimal ersetzen müssen.

Ich denke immer noch lieb an meine kleine Schwester, auch wenn wir heute keinen Kontakt mehr haben.

Das Tor zur Welt

Wieder stand mir Schweres bevor. Dieses Mal war es der Kampf um das Wissen. Begonnen hatte er schon in der ersten Klasse.

„Neger können nur mit Prügeln lernen!", proklamierte eine meiner Lehrerinnen. Damit gab sie also meiner Mutter und ihrem Mann noch die nachträgliche Rechtfertigung für ihre täglichen Züchtigungen. Von nun an bekam ich neben den alltäglichen Prügeln noch für jeden Fehler zusätzlich legitimierte Schläge mit dem Stock, und das sogar bei guten Noten. Es sollte angeblich meine Lernfähigkeit steigern … In Wirklichkeit förderte es nur meinen Trotz.

Die Schule war für mich ein Ort größter Gegensätze! Das Lernen selbst faszinierte mich, erschien es mir doch wie das Tor zur Welt. Doch es war auch mit viel Mühe verbunden, denn ich sah so schlecht, dass meine Nase regelrecht auf dem Heft klebte. Anders war ich nicht in der Lage, auch nur das Geringste in meinem Heft zu entdecken. Das war eigentlich schon immer so und es wurde mit den Jahren immer schlimmer.

Wirklich bewusst wurde mir meine Sehbehinderung erst in der Schule beim Lesenlernen. Denn wenn man es nicht anders gewohnt ist, als so unscharf zu sehen, dann ist das ganz normal und alltäglich. Ich weiß noch, dass wir Kinder einmal bei unseren Großeltern am Tisch saßen. Ich war damals etwa neun Jahre alt. Opa und Oma fragten uns nach unseren Fortschritten beim Lesen. Karina berichtete davon, dass sie schon ganze Geschichten lesen konnte, und auch Reinhardt las bereits komplizierte Wörter. Und ich? Ich versuchte, dieser Frage geschickt auszuweichen, aber da hatte ich die Rechnung ohne meinen Großvater gemacht.

Er packte mich am Schlafittchen. „Na, Stephile, du liest bestimmt am besten!"

„Nein!", sagte ich voller Scham. „Lass mich bitte los."

„Stephani, komm her und lies das!", befahl meine Großmutter. Ich kam folgsam zurück an den Tisch und stellte mich neben sie. „Nun zeig mir mal, wie gut du das kannst."

Ach, wäre da doch ein Loch in der Erde gewesen, in das ich mich hätte verkriechen können! Aber da waren nur meine Geschwister, die schon breit und hämisch grinsten. Mein Kopf sank immer tiefer auf das beschriebene Blatt. Ich hatte noch nicht einmal *einen* Buchstaben entdecken können, da zog mich meine Oma schon kräftig in die Höhe.

„Stephani, du sollst nicht mit der Nase lesen, sondern mit den Augen! Rücken gerade, Kopf hoch, und nun lies!"

„Aber so sehe ich doch nichts auf dem Papier", schluchzte ich.

Meine Geschwister bogen sich vor Lachen, doch sie wurden ganz still, als Opa mir liebevoll über meine Locken strich und mir das Blatt direkt unter die Nase hielt. Ich versuchte, es zu lesen, aber vieles sah sich so ähnlich, dass selbst die größte Mühe nichts nützte. Nun konnten sich Karina und Reinhardt nicht mehr halten. Sie grölten vor Lachen und hielten sich die Bäuche: „Die Stephi kann nicht lesen! Die Stephi kann nicht lesen!"

Wütend und beschämt rannte ich aus der Küche bis hinters Bienenhaus. Da ließ ich mich auf meine kleine Wiese fallen und brach in Tränen aus. Ich schämte mich so sehr, dass meine Großmutter und ganz besonders Happy nun gesehen hatten, wie schlecht ich im Lesen war.

Ich weinte noch immer, als Happy sich in meiner Nähe auf das alte Ruderboot setzte. „Das kriegen wir schon hin", sagte er liebevoll. „Oma und ich, wir werden dir helfen und dann wirst auch du lesen können. Sei nun nicht mehr traurig!"

Von einer Brille für mich wollte meine Mutter nichts wissen. Sie war der Meinung, dass ich einfach nur faul sei. Meine Großeltern wussten, dass ich nicht faul war, sondern dass ich ihre Hilfe brauchte, um lesen zu lernen. So schrieb mir meine Oma mit Happys breitem Zimmermannsstift große, dicke Buchstaben auf das Papier. Fragend beugte ich mich vor. Doch dieses Mal ließ sie mich gewähren. Meine Nase berührte das Blatt. Nun konnte ich die Buchstaben erkennen! Ich war ja so glücklich. Ich hatte das Gefühl, als öffnete sich mir eine geheime Tür zu einer neuen Welt. Natürlich hatten wir noch ein großes Stück Arbeit vor uns, aber jetzt war ich nicht mehr zu bremsen.

„Ich kann lesen! Ich kann lesen!", jubelte ich durch die Küche. Meine Großeltern freuten sich mit mir.

Nur in der Schule gab es immer noch Probleme. Meine Lehrerin machte den gleichen Fehler wie meine Großmutter anfangs. Auch sie sah nur meine schlechte Haltung beim Lesen. Daher bestand sie darauf, dass ich einen Besenstiel hinter meinem Rücken trug, der mir in meine Armbeugen gelegt wurde, um aufrecht zu sitzen. Doch so war das Heft viel zu weit weg und ich konnte selbst die großen Buchstaben nicht mehr erkennen.

Das Ablesen von der Tafel war mir erst recht nicht möglich. Ich saß mit angestrengten Augen da und versuchte, an der Handführung meines Nachbarn zu erkennen, was dieser von der Tafel abschrieb. Oder ich fragte mich diplomatisch durch, indem ich mit der Lehrerin über das betreffende Thema eine Diskussion führte. Als Argumentationshilfe benutzte sie das Tafelbild ganz automatisch, und so konnte ich schließlich erraten, was darauf zu sehen war.

Die Ärzte diagnostizierten bei mir Legasthenie. In festgelegten Abständen musste ich zu Schreib- und Rechentests. Ich verstand diesen Aufstand nicht. Dass ich „mit der Nase" lesen musste, war allen egal, aber bei Legasthenie schritt die Schule ein. War das nicht irgendwie verrückt? Ich konnte doch lediglich nicht so schnell schreiben, wie ich denken konnte. In meinen Gedanken war der Satz längst fertig, nur meine Hand kam nicht so schnell hinterher. So fehlte hier und da schon mal eine Endung oder ein Buchstabe, oder aus zwei Wörtern wurde eines.

Man sagt zu Kindern, die Situationen besonders schnell erfassen oder ergründen können, dass sie sehr begabt sind. Doch in meiner Lage wurde ein Makel daraus, eine echte Katastrophe! Meine Schreibschwäche bereitete eher den anderen Schwierigkeiten; ich selbst wusste ja, was da stehen sollte. Das schlechte Sehen schien mir trotz allem Bemühen viel problematischer zu sein; aber daran störte sich kaum jemand.

Mit zwölf Jahren bekam ich endlich meine erste Brille. Auf inständiges Drängen der Schulärztin ging meine Mutter mit mir zum Augenarzt. Als dieser mit seinen Messungen fertig war, sagte sie: „Wenn Sie da so Glasbausteine einbauen, können Sie es gleich vergessen. So läuft die mir nicht rum!"

Meine Mutter wollte nicht, dass dicke Brillengläser mich

entstellten. Was die Nachbarn und Bekannten von uns denken würden, war ihr wichtiger als die Korrektur meiner Augen. Das war gewiss eine Folge ihrer Erziehung, denn als Flüchtlingskind hatte sie zu den Außenseitern gezählt. Wenn aber ihr Kleid ebenso schön war wie das der einheimischen Mädchen oder möglichst noch schöner, dann war es, als gehörte sie dazu. Diese Zugehörigkeit wünschte sie sich auch für mich.

So bekam ich eine Brille mit minus 1,5 Dioptrien. Meine Mutter war sichtlich zufrieden mit der Stärke der Gläser, doch mir war immer noch nicht geholfen, da diese schwache Brille mein Sehvermögen nicht verbesserte. Das Thema „Sehen" war damit aber vom Tisch, denn jetzt hatte ich eine Brille und das war für meine Mutter gleichbedeutend mit gesunden Augen.

„Also", schimpfte sie, „warum, in Drei-Teufels-Namen, klebt deine Nase immer noch auf dem Papier? Setz dich gefälligst gerade hin!"

Das Tor zur Welt, vor dem ich stand, sollte es für mich nun doch verschlossen bleiben?

Anfangs besuchte ich in der nahe gelegenen Kreisstadt die Grundschule. Dort hatte ich nur eine Freundin, Adriana. Adriana und ihre Mutter waren wunderbare Menschen, denn sie sahen mein Herz an und nicht meine Hautfarbe. Sie schenkten mir einige unbeschwerte Stunden. Ansonsten hatte ich nur unter den Zigeunerkindern Freunde. Aber die sah ich nur selten, weil sie so viel unterwegs waren und nur hin und wieder am Ende unserer Straße lagerten. Diesen Kindern ging es ähnlich wie mir: Keines der einheimischen Kinder durfte mit ihnen spielen – sogar ich nicht.

Und wenn meine Mutter mich dabei erwischte, dass ich es doch tat, dann wurde ich bestraft. Aber ich war der Meinung: „Wenn es sich lohnt, kann man schon mal ein paar Prügel einstecken. Auf die kommt es dann auch nicht mehr an."

Viele Kinder in meiner Klasse wurden von ihren Eltern eher rassistisch erzogen. Da etliche Lehrer dies tolerierten, griffen sie auch nur selten ein, wenn ich in der Klasse oder auf dem Schulhof von Schulkameraden verprügelt wurde. Als ich zu Beginn der sechsten Klasse endlich die Realschule besuchen durfte, wurde ich von meinen Mitschülern täglich die lange Treppe am Schulberg heruntergeprügelt. Die Lehrer ließen sie gewähren.

Als es dann Halbjahreszeugnisse gab, da passierte es. Ich kam etwas zu spät in die Schule, weil ich unterwegs getrödelt hatte.

„Was machst du denn hier?", fragte mich mein Lehrer.

„Na ja, ich bin ein bisschen spät. Entschuldigung."

Doch als ich mich setzen wollte, sagte er: „Stephani, das ist nicht mehr dein Platz!"

„Aber ich sitze doch immer hier."

„Nein, jetzt nicht mehr! Deine Mutter hat dich gestern von der Schule genommen."

„Sie hat was? Aber das kann doch nicht sein!"

Doch so war es. Zutiefst verstört nahm ich meine Schultasche und ging. Den ganzen Weg nach Hause lief ich zu Fuß und weinte. Daheim sagte meine Mutter kein Wort. Ich drängte sie, mir das zu erklären, da platzte es wütend aus ihr heraus: „Du sollst nicht mehr lernen als ich!"

Später erfuhr ich, dass der Rektor vorgeschlagen hatte, mir Polizeischutz für die Pausen und den Schulweg zu erbitten oder mich aus Sicherheitsgründen doch besser von der Schule zu nehmen.

Das Tor zur Welt – war es für mich verschlossen? Hatte ich nun keine Möglichkeit mehr, es je wieder zu öffnen? Ich lag auf meinem Bett und weinte. Was sollte ich jetzt bloß machen? Wo sollte ich hin? Sollte ich die Mittelschule wechseln? Aber wie – ohne die Hilfe meiner Mutter?

Am folgenden Tag ging ich einfach wieder zurück zur Hauptschule. Ich war ja erst sechs Monate zuvor von dort aufgebrochen. An diesem ersten Tag traf ich meinen Lieblingslehrer; wir nannten ihn nur „Whity". Alle Mädchen waren insgeheim in ihn verliebt, ich auch. Ich freute mich, ihn wiederzusehen, doch meine Freude war nur von kurzer Dauer, denn Whity zischte verächtlich: „Das hätte ich ja nicht von dir gedacht, dass du nur ein halbes Jahr durchhältst!"

Traurig und enttäuscht ging ich in den Unterricht. Doch aufgeben – das kam nicht in Frage! Es gab doch noch so vieles, das ich lernen wollte.

Ich machte einen guten Hauptschulabschluss und besuchte anschließend die Handelsschule. Nach der Mittleren Reife und einer Zusatzprüfung begann ich an einer privaten Sporthochschule mein Studium als Sportlehrerin. Ich war volljährig und hatte endlich eine eigene kleine Wohnung. Ein Traum schien sich zu erfüllen. Doch leider kam alles anders. Zu Beginn des dritten Semesters, im Alter von 19 Jahren, erkrankte ich an Kinderlähmung und musste mein Studium abbrechen. Alle Pläne für die Zukunft lösten sich damit in Luft auf. Sportlehrerin konnte ich – im Rollstuhl sitzend – nun nicht mehr werden. Was sollte bloß aus mir werden? Welchen Beruf sollte ich erlernen?

Als Kind war mir die Frage nach der Berufswahl wesentlich leichter erschienen. Mit acht Jahren hatte ich Imkerin werden wollen. Das war der Sommer, in dem ich meinen ersten Bienenschwarm einfing …

Mein Großvater musste schon in der Frühe zu einem anderen Imker, weil dessen Bienen gleich mehrfach ausgeschwärmt waren. Und ausgerechnet an diesem Nachmittag schwärmten auch unsere Bienen.

Meine Oma kam damals ganz atemlos aus dem Garten: „Wir haben einen großen Schwarm im schrägen Apfelbaum und Herbert ist nicht da!" Sie war sichtlich verzweifelt! Und so ging ich hinaus, um den Bienenschwarm zu erkunden. Ich band mir ein Kopftuch um, damit die Bienen sich nicht in meinen Locken verhedderten, steckte eine Zigarre von Opa ein und marschierte los. Weil ich so schlecht sah, musste ich ziemlich nah an den schiefen Apfelbaum herangehen, um die dicke schwarze Bienentraube zu entdecken.

Nach der Begutachtung des Malheurs ging ich zum Bienenhaus. Dort steckte ich Happys Teepfeife in den Mund, setzte den großen, mit einem Netz behangenen Imkerhut auf, griff ein Glas Honig und goss es in den geflochtenen Bienenkorb. Jetzt würden die Bienen sicher auf den Geschmack kommen und hineinfliegen. Zuletzt schnappte ich mir noch Happys Handschuhe sowie einen langen Draht – und los ging es. Ich wusste nicht, dass man die Pfeife oder die Zigarre anzünden musste, um die Bienen mit dem Rauch zu beruhigen. Ich hatte nur gesehen, dass Happy beides benutzte.

Am schrägen Apfelbaum angekommen, kletterte ich hinauf. Den langen Draht hatte ich mit dem einen Ende am Bienenkorb befestigt; das andere Ende hielt ich in der Hand. So konnte ich den Korb auf den Baum ziehen und musste ihn nicht hochschleppen. Der Korb war noch nicht ganz oben, da kamen schon die ersten Bienen. Der gute Imkerhonig tat seine Wirkung. Doch ich ließ mich nicht beirren. Ich zog den Bienenkorb hoch und wickelte den Draht fest um den Ast, damit der Korb im Baum hängen blieb.

Und da kam auch schon meine Großmutter. Ihr blieb fast das Herz stehen, als sie mich in voller Montur dort oben werkeln sah.

„Stephani, komm sofort herunter! Ach, wäre Herbert doch hier! Komm runter!"

„Ja, ich bin gleich fertig!"

Als ich wieder unten war, stand Opa auch schon neben uns. Happy nahm mich in seine Arme. Er war sehr erleichtert, dass mir nichts geschehen war – und sichtlich stolz auf mich. Da wusste ich, dass ich Imkerin werden wollte.

Doch schon ein Jahr später hatte sich mein Berufswunsch grundlegend geändert: Neben seiner Imkerei arbeitete mein Großvater auch noch in unserem Klärwerk. Im Schalthaus des Klärwerks funkelten lauter bunte Knöpfe an der Wand. Diese Lichtkleckse zogen mich als Kind magisch an. Und für mich stand fest: Mein Opa arbeitet inmitten von herrlichem Weihnachtsglanz!

Als ich einmal mit ihm zusammen auf das Gelände durfte, kamen wir an einem Förderband vorbei. Auf diesem Band wurden die unmöglichsten Sachen herantransportiert.

„Stephile, stell dir vor, hier kannst du einfach alles finden: Gebisse, Zahnspangen, Brillen, Besteck, Spielzeugautos und manchmal sogar etwas Geld."

„Hast du auch schon mal eine Puppe gefunden?"

„Ja, kleine Puppen, Puppengeschirr, Cremetöpfchen und vieles, vieles Komische mehr. Du glaubst gar nicht, was die Menschen alles durch die Toilette spülen!"

Für mich klang das richtig spannend. Unten lagen die Becken. Von der einen Beckenseite zur anderen führte eine schmale Brücke, unter der sich ein riesiges Sieb befand.

„Na, Stephile, willst du auf der Brücke übers Becken fahren?"

Was für eine Frage? Klar wollte ich das! Und schon ging es los. Happy drückte auf ein paar Knöpfe und die Brücke, auf der ich stand, fuhr ganz langsam los. Hui, war das ein Spaß!

Mit meinen neun Jahren stand für mich fest: So etwas wollte ich auch machen, wenn ich groß war!

Als ich dann zwölf Jahre alt war, hatte ich nur den einen Wunsch, den Menschen von Jesus zu erzählen. Ich besuchte damals eine kleine Gemeinde und war ganz begeistert von dem, was ich über Jesus Christus gehört hatte. Er wurde mir immer vertrauter – und so wuchs der Wunsch, auch anderen Menschen diesen Jesus nahezubringen.

Warum ich später Sport studierte, weiß ich gar nicht so recht. Oder doch: Es war die Möglichkeit, für Kinder und Jugendliche da sein zu können. Das gefiel mir.

Nachdem ich mein Sportstudium infolge der Polioerkrankung abbrechen musste, besuchte ich die Höhere Handelsschule. Auf Anraten meiner Großmutter machte ich meinen Abschluss als staatlich anerkannte Wirtschaftsassistentin. Doch da mein Gehör im Zuge der Polio-Behandlung erheblich nachließ, bis ich schließlich im Alter von 21 Jahren beidseitig ertaubte, war es mir neben der Ausbildung zur Wirtschaftsassistentin nicht möglich, im ersten Anlauf die Fachhochschulreife zu erlangen. Ich konnte meine Lehrer ja nicht mehr verstehen. Wieder waren mir alle Türen verschlossen! Wieder stand ich vor der Frage: Was soll nur werden?

Ich begann, die Gebärdensprache und das Lippenlesen zu erlernen, denn aufgeben, nein, das wollte ich nicht! Und dann besuchte ich für ein Jahr das „Kolleg für Hörgeschädigte" im Ruhrgebiet; das war für mich die Rettung. Anschließend holte ich mit einem Gebärdendolmetscher die Prüfungen nach und bestand. Damit stand das Tor zur Welt für mich endlich offen!

Nun war es Zeit, meinen beruflichen Weg neu zu überdenken. Der Wunsch, den Menschen von Jesus zu erzählen, hatte sich in all den Jahren so gefestigt, dass ich jetzt die Möglichkeit sah, ihn zu meinem Beruf werden zu lassen. Ich lernte voller Freude!

Heute habe ich zehn Berufe, darunter zwei Diplome und einen Doktortitel. Als Theologin und Pädagogin lehre und predige ich. Diese Kombination liegt mir sehr. Es ist interessant und abwechslungsreich, und das bringt mir großen Spaß! Das Lernen ist für mich wie eine Befreiung, eine große Freude, Ausdruck des Lebens, Werdens und Wachsens: ein Geschenk Gottes an eine wunderbare Welt!

Mein Geburtstag war für meine Mutter und ihren Mann immer der schlimmste Tag im Jahr! Da wurden sie mit Nachdruck daran erinnert, dass ich existierte … und das sollte nun auch noch gefeiert werden!? An diesem Tag bekam ich immer besonders heftige Prügel.

Wenn wir nicht gerade bei meinen Großeltern waren, gab es auch meistens keine Feier für mich. Ich fand das schade, denn mein Geburtstag war für mich, trotz aller Prügel, ein ganz besonderer Tag. Mitten in der Nacht, wenn noch alle schliefen, gratulierte ich mir selbst und freute mich. Weil ich aber auch Gäste haben wollte, lud ich mir am Tag ganz spontan nette Leute ein, die ich auf der Straße traf. Es waren alte und junge Menschen, die ich sympathisch fand. Ich wollte diesen Tag so gern mit jemandem feiern! Doch meiner Mutter missfielen solche unkonventionellen Geburtstagsfeiern sehr. Und so verbot sie mir an meinem 9. Geburtstag diese Form der „Gästebeschaffung" mit allem Nachdruck! Ich konnte sie zwar verstehen, fand es aber dennoch schade!

Mein 13. Geburtstag war trotzdem einer der schönsten. Eigentlich war es ein Tag wie jeder andere. Am Nachmittag waren meine Mutter und ich allein zu Hause. Es war so gegen drei Uhr, als der Bäckerwagen klingelte. Bei ihm konnte man Milch, Eier, Brot und Kuchen kaufen. Meine Mutter spendierte mir einen ganz kleinen Kuchen. Ich steckte zwei winzige Kerzen hinein und wir lächelten uns an.

Wenn eines meiner vier Geschwister seinen Geburtstag im Schwimmbad oder im Kino feierte, musste ich zu Hause bleiben. Meine Mutter sagte, eine weitere Eintrittskarte sei zu teuer und außerdem würde ja zu Hause noch Arbeit auf mich warten. Aber einmal bezahlte sie doch viel Geld, um mich für zehn Tage nach Italien zu schicken. Ich war damals 14 und durfte zum ersten Mal richtig Urlaub machen – ich konnte es kaum fassen! Meine Mutter meldete mich zu einer Reise an, die vom „Deutschen Roten Kreuz" veranstaltet wurde. Erleichtert atmete ich auf, als ich tatsächlich im Bus saß. Meine Mutter winkte mir noch zu – und los ging die Fahrt. Oh, war das aufregend!

Wir – zwei Sanitäter und meine Teenie-Gruppe – wohnten in einer kleinen Pension mit Schwimmbad und Dachterrasse. Doch das Beste war der Eisautomat im Erdgeschoss. Ich ernährte mich in diesen zehn Tagen fast ausschließlich von Eiscreme. Es war herrlich!

Als wir gerade dabei waren, Venedig zu erobern, bekam ich starke Bauchkrämpfe. Ich krümmte mich und kalter Schweiß stand auf meiner Stirn. Meiner Vermutung nach war eine Überdosis Eiscreme an den Bauchschmerzen schuld, aber die Sanitäter erkannten sofort, dass es sich um eine akute Blinddarmentzündung handelte. Ab da verliefen die Tage meines Italienurlaubes leider im Schongang, doch meinem so arg gereizten Blinddarm tat es gut. Und wir alle waren erleichtert, dass ein Krankenhausaufenthalt im Ausland doch noch vermieden werden konnte.

Nach einer endlos langen Busfahrt trafen wir am Abend des zehnten Tages wieder am Ausgangsort ein. Alle Teenies wurden von ihren Eltern, teilweise sogar von ihren Geschwistern abgeholt. Nur ich stand ganz allein da. Ob meine Familie vergessen hatte, wann ich wiederkomme?

Als nach einer guten halben Stunde immer noch keiner da war, um mich abzuholen, stieg ich in den nächsten Bus und fuhr nach Haus. Ich klingelte an der Haustür, aber mir wurde nicht geöffnet. Als ich bei den Nachbarn schellte, ließen diese mich ins Treppenhaus. Jetzt stand ich vor unserer Wohnungstür. Ich klopfte. Mein Bruder Reinhardt öffnete.

„Da bin ich wieder", sagte ich. „Lass mich rein."

Reinhardt machte ein erschüttertes Gesicht. „Du wohnst hier nicht mehr. Das ist jetzt *mein* Zimmer!"

Da ließ ich den Seesack, der mir als Koffer diente, vor der Tür stehen, drückte mich an meinem Bruder vorbei und ging langsam auf mein Zimmer zu. Nun kam auch meine Mutter aus der Küche.

„Was machst du denn hier? Ich denke, du bist in Italien! Wollten sie dich da nicht mehr haben?"

Entsetzt ging ich weiter und öffnete die Tür zu meinem Zimmer. Reinhardt weinte: „Das ist jetzt meins!" Und so war es! Mein Bett war weg, meine Schulbücher, selbst meine drei Puppen waren verschwunden. Es gab nichts in diesem Zimmer, das auch nur im Entferntesten an mich erinnerte. Die Situation war einfach absurd! Auf dem Flur sank ich zusammen. Meinem Blinddarm waren das Schleppen des Seesacks, das Sitzen im Bus und diese Aufregung in keiner Weise zuträglich gewesen.

„Du siehst doch, wir haben keinen Platz für dich. Geh!", sagte meine Mutter trocken.

Wie abwegig das nun auch klingen mag, aber meine Mutter hatte tatsächlich damit gerechnet, dass ich die Gelegenheit ergriffen hätte und in Italien geblieben wäre ... obwohl ich noch ein Kind war. Und sie? Sie hatte zehn Tage lang das, was sie sich schon so lange wünschte: eine ganz normale Familie – ohne mich.

Und so schleppte ich mich unter starken Schmerzen zur nächsten Bushaltestelle. Ich fuhr ins Krankenhaus, wo mir in einer Notoperation der Blinddarm entfernt wurde. Widerwillig holte meine Mutter mich anschließend doch zurück nach Hause.

Werde ich verkauft?

Nicht einmal ein halbes Jahr später versuchte meine Mutter erneut, mich loszuwerden. Dafür machte sie mich mit einem jungen Afrikaner bekannt. Er hieß Roger und war etwa Mitte dreißig. Zuerst dachte ich, er sei vielleicht mein Vater, doch Roger war aus einem anderen Grund bei uns zu Besuch: Er suchte eine Frau.

Es war schmeichelhaft, von Roger Blumen und Pralinen geschenkt zu bekommen. Endlich war ich einem Menschen begegnet, der eine ähnliche Hautfarbe hatte wie ich. Wir gingen spazieren und er erzählte mir von Afrika. Mit einem Mal fühlte ich mich meinem leiblichen Vater, meiner eigenen Geschichte so nahe! Wir gingen sogar chinesisch essen. Für mich war das alles wie im Märchen! Von Rogers Heiratsabsichten wusste ich anfangs nichts. Bei diesem Essen schenkte er mir zwei handgefertigte Holzschlangen, die sich richtig schlängelten. Obwohl ich mich für dieses Geschenk nicht so begeistern konnte, freute ich mich über die gute Absicht und nahm sie dankend an.

Anschließend brachte er mich freudestrahlend nach Hause. Er rief meiner Mutter entgegen: „Beate, sie hat mein Geschenk angenommen!"

Mein kleiner Bruder Bernhardt fiel sofort über die

Schlangen her. Reinhardt und Karina kamen mir entgegen. Karina flüsterte: „Weißt du was? Sie hat dich verkauft!" – Reinhardt nickte bestätigend: „Er hat ihr Geld gegeben und jetzt gehörst du ihm. Siehst du, ich krieg dein Zimmer doch noch!"

Verwirrt ging ich in die Stube. Roger und meine Mutter saßen strahlend auf dem Sofa. Roger nickte erwartungsvoll. Meine Mutter meinte: „Du kannst gleich mit ihm gehen. Oder willst du etwa nicht?"

Verkauft? Sie hatte mich verkauft? Nein! Nein, ich wollte nicht! Dies hier ist Europa und ich war erst vierzehn!

Meine Mutter sagte: „Stephani, du musst hier weg!"

Ich nickte: „Ja, aber nicht so."

Meine Geschwister hielten meine Hand. Als ihnen der Ernst der Situation bewusst wurde, war selbst Reinhardt die Aussicht auf ein eigenes Zimmer egal.

Roger stand wortlos auf und ging.

Was klackert da so?

Die Kirche war voller Menschen, als in der andächtigen Stille dieses erhabenen Augenblicks plötzlich ein laut vernehmbares „Klack! Klack! Klack!" ertönte. O Schreck, was klackerte denn da so – ausgerechnet in dem Moment, als über mir der Segen gesprochen wurde?

Dies war ein ganz besonderer Frühlingstag. Es war der Tag meiner Konfirmation. Meine Großmutter und meine Mutter hatten mich mit einem bodenlangen schwarzen Samtrock und einer eleganten weißen Bluse mit Spitzenkragen und Spitzenmanschetten eingekleidet. Meine flachen schwarzen Lederschuhe waren vom Preisschild befreit und auf Hochglanz poliert. In der Hand hielt ich mein neues Gesangbuch mit Goldrand, das meine Großeltern mir zu diesem Anlass geschenkt hatten. Über meinem Gesangbuch lag ein kleiner Schneeglöckchenstrauß. Den bekam ich von meiner Mutter. Als ich so in einer wohl geordneten Zweierreihe von Konfirmandinnen und Konfirmanden zur Kirche hinauf schritt, fühlte ich mich wie eine Braut. Eine Braut für Jesus!

Dass es sich bei meiner engeren Familie nicht gerade um eine christliche handelte, ist unbestritten. Dennoch wurde ich christlich erzogen, und zwar von meinen Großeltern. Es verging kein Tag in ihrem Haus ohne Tisch- und Nachtgebet, ohne die Erinnerung daran, dass Gott persönlich für unseren Garten sorgte und dass er letztlich alles geschaffen hatte.

Eine wichtige Rolle spielte in diesem Zusammenhang auch mein Großonkel Gottlieb. Er war der ältere Bruder meiner Oma, aber das wusste ich anfangs noch nicht. Mit meiner kindlichen Logik war ich zu der Einsicht gekommen, dass er unmöglich „Gottlieb" heißen konnte. Sagte man nicht vielmehr „lieber Gott"?

Dieser „Onkel Lieber Gott" besuchte uns hin und wieder für einige Wochen und wohnte dann oben in der Dachkammer meiner Großeltern. Als ich sieben Jahre alt war und in die erste Klasse ging, erzählte ich meinen Mitschülern einmal, der „liebe Gott" sei wieder bei meinen Großeltern zu Besuch und ich freute mich schon so sehr darauf, ihn am Wochenende zu sehen.

„Ach, der liebe Gott wohnt bei deinen Großeltern?" Ihr zweifelnder Blick blieb mir nicht verborgen.

„Ja, er schläft in der Bodenkammer."

„Und wie sieht er aus? Hat er einen weißen, langen Bart?"

„Nein, er hat eine Glatze, eine ganz dicke Kugelbrille und er ist ein bisschen krumm. Er spielt mit uns Kindern, wenn wir am Wochenende bei unseren Großeltern sind. Er deckt mit uns den Tisch, bringt uns zu Bett und deckt uns Kinder liebevoll zu, wenn wir ins Bett müssen. Onkel Lieber Gott kann herrliche Geschichten erzählen. Aber das Beste ist, dass er immer Zeit für uns hat." Dieser kindliche Tatsachenbericht brachte mir auf der Stelle die Prügel der ganzen Klasse ein!

„Du spinnst!", riefen sie. „Das kann doch gar nicht sein!" Meine Mitschüler glaubten mir nicht, denn keiner von ihnen hatte den „lieben Gott" je gesehen.

Lange überlegte ich, warum er immer nur in Omas Dachkammer wohnte und nicht auch mal meine Mitschüler besuchte. Weil mir diese Frage keine Ruhe ließ, fragte ich meine Großeltern am nächsten Wochenende: „Warum geht Onkel Lieber Gott nicht auch in die anderen Häuser? Die Kinder in der Schule sind schon ganz böse auf mich, weil der liebe Gott nur bei uns wohnt und nicht auch bei ihnen."

„Stephile", sagte Happy kopfschüttelnd, „dein Onkel ist nicht *der* liebe Gott."

„Stephi, Opa hat recht!", bekräftigte meine Großmutter. „Dein ‚Onkel Lieber Gott' heißt eigentlich Gottlieb und er ist mein Bruder."

Das verwirrte mich nun völlig! Denn für mich war dieser

alte Mann in unserer Dachkammer schon seit jeher „Onkel Lieber Gott" gewesen. Doch dann erinnerte ich mich, wie Onkel Gottlieb mit uns Kindern gespielt hatte, an seine spannenden Geschichten über die Eisenbahn und sein herzliches Lachen. Da war ich gar nicht mehr so traurig darüber, dass er nicht *der* „liebe Gott" war, sondern einfach nur ein ganz toller Onkel!

Ich hatte also von Anfang an eine ganz besondere Beziehung zum „lieben Gott". Das änderte sich auch nicht, als ich wusste, dass er nicht mein Onkel da oben in der Mansarde war. Immerhin war mir klar geworden, dass Gott eine Persönlichkeit sein muss mit einer Menge Humor und einem großen Herzen für uns Kinder. Deshalb wurde Gott mein bester Freund.

Seit einem halben Jahr war ich nun endlich im Konfirmandenunterricht. Ich konnte es kaum erwarten, mehr über Gott, über Jesus zu erfahren. Ich hatte doch so viele Fragen! Wie sollte ich die bloß alle loswerden?

Es stellte sich dann allerdings heraus, dass der Konfirmandenunterricht nicht dazu da war, meine Fragen zu beantworten, sondern eher neue Fragen aufwarf. Dennoch hatte ich noch nie so gerne gelernt wie in dieser Zeit.

Ich besuchte damals schon seit zwei Jahren regelmäßig eine nahe gelegene Hausgemeinde. Meine Mutter und ihr Mann sahen das gar nicht gern. Und so wurde ich stets hart bestraft, wenn ich in irgendeiner Weise meine Pflichten vernachlässigte, um zur Bibelstunde zu gehen. Ich ging trotzdem. Ich war ein echter Trotzkopf und vertrat den Standpunkt, dass man immer alles abwägen sollte. Und für eine Bibelstunde nahm ich schon mal eine Tracht Prügel in Kauf.

Umso mehr freute ich mich, als endlich der Konfirmandenunterricht begann und ich mit der Erlaubnis meiner Mutter dort hingehen durfte. Dass wir Kinder konfirmiert wurden, gehörte selbstverständlich zum guten Ton.

Nun war es soweit: Was für ein erhebender Moment war das, als ich die Kirche betrat. Die Gemeinde hatte sich erhoben, um uns Konfirmandinnen und Konfirmanden zu begrüßen. Wir schritten den Mittelgang entlang und stellten uns vor unsere Plätze. Nach Beendigung des Orgelstückes durften wir uns setzen. Ich saß gleich in der ersten Reihe neben unserem Pastor. Ich war so aufgeregt, dass meine Knie bebten. Der Pastor klopfte leicht auf mein Knie, sah mich eindringlich an und sagte dann: „Ganz ruhig, Stephi, es wird alles gut!" Das sollte mich beruhigen, es half aber nicht.

Dann wurden wir in zwei Gruppen nach vorne gebeten. Wir knieten vor dem Altar nieder, der Pastor las den jeweiligen Konfirmationsvers und sprach den Segen. „Er weidet mich auf einer grünen Aue und führet mich zum frischen Wasser". Diesen Vers aus dem 23. Psalm hatte meine Mutter für mich ausgesucht, denn er stammte aus demselben Psalm wie mein Taufspruch, den ich als Baby bekommen hatte: „Der Herr ist mein Hirte, mir wird nichts mangeln."

Nun war der Augenblick des Segens gekommen, der Moment, auf den ich mich schon so sehr gefreut hatte! Und da war dieses unmögliche „Klack! Klack! Klack!" Je näher der Pastor meinem Kopf mit seiner segnenden Hand kam, um so lauter wurde es. Es hallte in der Stille der Kirche wider. Furchtbar! Was war das bloß?

Schlagartig wurde mir bewusst: Das war ja ich! *Ich* machte diesen Lärm! Vor lauter Aufregung zitterten meine Knie so heftig, dass die Absätze meiner Schuhe unaufhörlich aneinanderprallten. „Klack! Klack! Klack!" Oh, am liebsten wäre ich im Boden versunken! Doch war nicht meine Liebe zu Gott, zu Jesus viel wichtiger als diese peinliche Situation?

Ein Zimmer mit Balkon

Ein Jahr später kauften Beate und Wolfgang ein altes Haus, das von uns allen in fleißiger „Heimarbeit" auf das Dreifache vergrößert wurde. Wir Kinder mussten alle mit anpacken, sogar mein sechsjähriger Bruder Bastian. Er verrichtete Botengänge und mauerte, wie wir anderen auch. Karina war in erster Linie für unsere Verpflegung zuständig. Doch wenn sie nicht kochte oder abwusch, dann schwang auch sie die Maurerkelle.

Später wurden wir Mädchen, Bastian und unsere Mutter innen zum Arbeiten eingeteilt und Reinhardt, Bernhardt und Wolfgang arbeiteten auf dem Dach. Dort zu arbeiten war für die beiden Jungen sehr gefährlich, weil Wolfgangs Nerven während des Hausbaus ganz besonders blank lagen.

Einmal rannte er wie von Sinnen mit einer hoch erhobenen Axt hinter Bernhardt her. Wir Kinder schrien vor Angst! Unsere Mutter kam angelaufen und versuchte, ihren jähzornigen Mann zu besänftigen. Doch es war vergebens. Wolfgang holte, zu allem entschlossen, aus. Uns stockte der Atem! Dann geschah das Unfassbare: Der Axtkopf hatte sich gelockert und fiel beim Ausholen hinter ihm ins Gras. Der

67

Holzgriff flog knapp an Bernhardts Kopf vorbei. Wolfgang fluchte, drehte sich um und ging wieder an die Arbeit.

Ein anderes Mal war es Reinhardt, der den Zorn seines Vaters entfachte: Ihm fielen beim Dachdecken einige Ziegel herunter, was Wolfgang so wütend machte, dass er ihn über den ganzen Dachstuhl jagte. Doch gegen seinen ältesten Sohn hatte Wolfgang wenig Chancen. Reinhardt war einfach viel zu geschickt.

Es war zwischen Spätherbst und Winteranfang, als wir in unser neues Haus einziehen konnten. Jedes Kind bekam sein eigenes Zimmer. In allen Zimmern gab es schon verglaste Fenster, nur in einem nicht. Es war ein hübscher kleiner Raum mit Dachschräge und einem Balkon. Ich denke, dass es das schönste Zimmer im ganzen Haus war. Doch keines meiner Geschwister war erpicht darauf, dort einzuziehen. Denn nicht nur Regen und Wind fuhren ungehindert durch diesen Raum, sogar der Frost machte sich hier breit. So kam es, dass mir dieses Zimmer zugeteilt wurde. Ich war überglücklich!

Ich schob mein Schrankbett so weit wie möglich unter die Dachschräge. Ich schlief in meinen Kleidern und mit mehreren Decken. Und es war mir eine große Hilfe, als mir meine Mutter einen Heizlüfter brachte. Einige Tage musste ich in der Kälte ausharren, bis die Fenster eingesetzt wurden, doch das hatte sich wirklich gelohnt!

In dieses Zimmer zog ich mich nach der Arbeit am großen Kohleofen im Keller zurück. Hier stahl ich mir die wenigen schönen Momente, die ich mit meinen kleinen Brüdern Tee trinkend und zuhörend verbrachte. Es war mir nämlich sehr wichtig, dass sie neben all dem Hass und der

Gewalt in der Familie auch Harmonie, Ruhe und Frieden erfahren konnten.

Doch es gab auch schwere Zeiten, die ich hier erlebte: Als ich an einem sonnigen Tag aus der Schule nach Hause kam und meinen Ranzen ins Zimmer stellen wollte, da sah ich, wie Wolfgang mit seinem Luftgewehr von meinem Balkon aus die kleinen Kaninchenbabys erschoss, die dort unten auf unserem Grundstück im Maschendrahtstall lebten.

„He, was machst du da? Verschwinde! Ich dulde nicht, dass du von meinem Balkon aus die Kaninchen erschießt!"

Ich wusste, ich musste laut und unverschämt sein, sonst würde er von seinem Vorhaben nicht ablassen. Mir war klar, dass ich für diese Frechheit gewiss einen hohen Preis zahlen musste! Und so war es: Wolfgang drehte sich abrupt zu mir um. Das Gewehr im Anschlag, kam er auf mich zu: „Vergiss nicht: Das kann ich jederzeit auch mit dir tun!"

Ich dachte: „Wenn ich jetzt Angst zeige, bin ich verloren." Mein Blick war hart, meine Lippen zusammengekniffen und ich zeigte mit dem Finger auf die Tür! Wolfgang ging. Erleichtert sank ich auf mein Bett.

Bis zu meinem 18. Lebensjahr war dieses Zimmer mit Balkon nun mein Zuhause.

Im Angesicht des Todes

Wie ein Schrei in der Nacht

Wir hatten nie über den Tod gesprochen. Dass Happy eines Tages nicht mehr da sein würde, war für mich undenkbar! Und doch hatte ich an seinem vergangenen Geburtstag die Gewissheit in mir gespürt, dass dies sein letzter Geburtstag sein würde. Ihm ging es ebenso.

Es war der 1. November, ein Samstag, und meine Mutter hatte beschlossen, dass ich mit Wolfgang allein zu Hause bleiben sollte. Es war das erste Mal, dass wir an Happys Geburtstag getrennt waren.

Mit Wolfgang allein, das war, als sähe ich dem Tod direkt ins Auge! Seinem Jähzorn, seiner wahnsinnigen Wut, seinen furchtbaren Misshandlungen war ich nun schutzlos ausgeliefert. Doch das Schlimmste für mich war die Trennung von meinem Großvater. So griff ich nach dem Telefon und rief ihn an.

Mein Opa litt an einer starken Altersschwerhörigkeit. Telefonieren konnte er nur, wenn man langsam, laut und deutlich sprach. Ich schluchzte mein Geburtstagsständchen in den Hörer und auch er weinte am anderen Ende. Wir waren so unendlich weit voneinander entfernt. Ach, was hätten wir beide darum gegeben, uns in diesem Augenblick in den Arm nehmen zu können!

Und dann, 54 Tage später, umarmten wir uns ein letztes Mal. Es war Weihnachten. Wolfgang war gerade losgefahren, um meine Großeltern abzuholen, die das Fest bei uns verbringen wollten. Den ganzen Tag hatte mich schon eine merkwürdige Unruhe gequält. Es war nicht die Vorfreude, Happy wiederzusehen, sondern eine Art Vorahnung. Irgendetwas stimmte nicht.

Speziell für das Weihnachtsfest – nein, speziell für meinen Großvater – hatte ich mir ein wunderschönes rotes Trägerkleid genäht. Ich wollte Happy damit eine Freude bereiten. Ich war ja erst 14 Jahre alt und hatte noch keine Erfahrung mit dem Nähen. Trotzdem hatte ich mir große Mühe gegeben und freute mich über das Kleid. Ich legte es gerade auf meinem Stuhl zurecht, als das Telefon klingelte. Ein Angstgefühl trieb mich hinaus auf den Flur. Ich ahnte, dass etwas nicht in Ordnung war.

Meine Mutter weinte verzweifelt am Telefon. Als sie auflegte, fragte ich: „Ist er …?"

„Nein!", sagte sie: „Opa lebt und sie bringen ihn hierher. Er hatte einen Herzinfarkt!" Das letzte Wort wiederholte sie noch ein paar Mal, dann setzte sie sich in der Küche auf einen Stuhl und ließ ihren Tränen freien Lauf.

Ich stand immer noch da. Die Angst hielt mich fest! Es war, als würde die Zeit an mir vorüberziehen, als wäre ich unerreichbar für Schmerz, für Leid … und war es doch nicht. Es war ein bisschen wie Sterben. Ich kannte dieses Gefühl.

Ich hatte Angst und würde erst beruhigt sein, wenn ich Happy in meinen Armen hielt, aber wäre es nicht sicherer, wenn er in die Klinik gebracht werden würde?

Die Stunden schlichen langsam dahin und kamen doch nicht von der Stelle! Wie quälend war das Warten! Meine Brüder spielten und Karina bügelte ihr Weihnachtskleid.

Meine Mutter starrte aus dem Küchenfenster. Ich hatte extra für Happy meinen alten, heiß geliebten Schaukelstuhl in die Stube gestellt und ein weiches Kissen hineingelegt.

Da ließ meine Mutter ein „Sie sind da!" verlauten und rannte zur Tür hinaus. Ich lief ihr nach. Wolfgang half Happy aus dem Wagen. Ich rief meinen Opa und rannte auf ihn zu. Happy breitete die Arme aus. Aber meine Mutter stellte sich mir in den Weg.

„Geh! Du darfst nicht in seine Nähe! Nur ich darf jetzt zu ihm!" Erschreckt wich ich zurück. Ich spürte seine Sehnsucht und er die meine, aber wir durften uns nicht begrüßen!

Meine Mutter stützte ihren Vater und begleitete ihn die Stufen hinauf in unsere Wohnung. Sie setzte ihn behutsam in den Schaukelstuhl. Dann kam Wolfgang mit meiner Oma.

Nur aus der Ferne konnten wir uns ansehen. Meine Mutter ließ mich noch immer nicht zu meinem Großvater. Erst nach einer Weile ergab sich die Gelegenheit, allein mit Happy zu sein. Am liebsten wäre ich auf ihn zugestürmt, aber alles war jetzt so anders. Der Arzt hatte erlaubt, dass er zu uns kam, aber ihm ging es nicht gut, das merkte ich. Ich umarmte ihn ganz sanft und er hielt mich in seinen Armen – ganz behutsam.

„Es ist alles gut", sagte Happy leise. „Ich bin ja hier! – Du hast mir auch so gefehlt!" Mein Opa sah so blass und schwach aus. Es war unübersehbar, dass es ihm sehr schlecht ging.

Als meine Mutter uns sah, rief sie: „Geh da weg, das ist zu viel für Opa!" Ich erschrak und entzog mich seinen sanften Armen; Happy sah mir traurig nach. Es erging nicht nur mir so, auch meine vier Geschwister wurden auf Distanz gehalten. Sie bewegten sich ganz langsam und vorsichtig, sobald sie das Wohnzimmer betraten.

Nach einigen Stunden der Ruhe spielten wir Kinder mit Happy und Wolfgang ein Gesellschaftsspiel. Diesmal brauchte uns keiner zur Ruhe zu ermahnen. Wir waren ganz still, alle hatten wir Angst um unseren Opa, sogar Wolfgang. Der kleine Bastian kam nur ab und zu ganz vorsichtig in die Stube hinein, schaute uns zu und ging dann wieder hinaus. Er war erst fünf Jahre alt, aber auch er spürte, dass etwas nicht stimmte.

Als Erster verlor Happy das Spiel, dann kam Wolfgang dran, anschließend ich und so ging es dem Alter entsprechend weiter, bis nur noch Bernhardt übrig blieb. Da meinte Wolfgang: „Das ist ja wie im richtigen Leben. Zuerst sterben die Alten."

Ich sah ihn erschrocken an und fühlte einen dicken Kloß in meinem Hals! Es war immer schön, mit Happy zu spielen, aber dieses Mal war es wie ein Abschied. Ach, was hätte ich darum gegeben, als Erste zu verlieren, um diesen Todesschatten zu vertreiben! Ich denke, das traf auf uns alle zu.

Am nächsten Morgen weckte mich die Angst. War Happy noch am Leben? Ja – er war da. Unsere Oma half ihm beim Anziehen und dann setzte sie ihn wieder in meinen Schaukelstuhl. Es war ein ruhiger Tag. Zum Mittagsschlaf legten sich meine Großeltern hin. Sie wohnten in Karinas Zimmer, weil dort neben dem Bett auch eine Couch stand.

Während sie schliefen, zogen sich meine Geschwister für den Gottesdienst um. Ich machte mich hübsch für meinen Großvater! Ich zog mir eine weiße Bluse an und darüber mein selbstgenähtes, leuchtend rotes Trägerkleid.

Ich war noch in meinem Zimmer, als plötzlich ein Schrei durch die Wohnung drang – fast in sich erstickt und doch voller Angst. Es war der Schrei meiner Mutter – der Schrei, vor dem ich solche Angst hatte. Er traf mich mitten ins Herz! Ich wusste, was geschehen war, und doch schien es so unfassbar zu sein!

Langsam, sehr langsam ging ich auf Karinas Zimmer zu. Die Tür stand weit offen. Alle waren schon da, weinten und schluchzten. Wolfgang schloss Happys Augen, während Oma ihm noch die Füße massierte. Ich stand wie ein ferner Beobachter in der Tür. Mein Schmerz war so groß und unfassbar, dass ich nicht einmal weinen konnte. Ich stand einfach nur da. Meine Mutter öffnete wortlos das Fenster, damit die Seele meines Großvaters zu Gott gelangen konnte.

Da brach meine Oma bitterlich weinend auf dem Sofa zusammen. „Ich bin jetzt ganz allein!", schluchzte sie. „Was soll nun werden?"

Ich nahm sie liebevoll in die Arme: „Ach, Oma, du bist nicht allein. Ich werde für dich sorgen."

Nach einer Weile verließen wir das Zimmer. Die Tür wurde geschlossen und wir standen alle wie betäubt im Flur. Da schrie meine Mutter mich an: „Zieh endlich das verfluchte rote Kleid aus und zieh etwas Schwarzes an. Wird's bald!" Ich begriff erst nicht. Mein Kleid, was war mit meinem Kleid? Ich hatte es doch extra für Happy genäht und jetzt sollte es schlecht und falsch sein? Meine Mutter war außer sich vor Schmerz und furchtbar wütend! Ich zog mein Kleid aus. Es geschah alles wie in Zeitlupe.

Nach etwa einer halben Stunde stand ich immer noch im Unterrock vor dem Waschbecken im Bad, als meine Mut-

ter mich abermals anherrschte: „Zieh dir endlich etwas an!"
Daraufhin ging ich in mein Zimmer. Ich stand vor meinem
Schrankbett und griff nach der Tür, hinter der die Pullo-
ver lagen. Da wurde mir mit einem Mal bewusst, dass mein
Großvater tot war. Nun hämmerte ich wie von Sinnen mit
meinen Fäusten gegen die Schranktüren und schrie meinen
unendlichen Schmerz heraus. Ich konnte gar nicht mehr
aufhören zu hämmern, zu treten, zu schluchzen und zu
schreien.

Nach einer Weile spürte ich Wolfgangs Hände auf meinen Schultern. Er drehte mich mit einem kräftigen Ruck zu
sich um und schlug mir mit voller Kraft mitten ins Gesicht.
Da verstummte mein Schrei. Wolfgang ging wortlos.

Ich war noch immer nicht angezogen, als meine kleine
Schwester mich in die Stube holte. Ihr liefen die Tränen
über die Wangen. Alle saßen traurig und still in der Sitz-
ecke. Meine Mutter schickte mich zu Happy ins Zimmer,
um Omas Tasche zu holen. Keiner wollte dieses Zimmer
betreten. Alle hatten Angst.

Ich ging. Vorsichtig öffnete ich die Tür. Da lag mein
Happy. Er sah so anders aus, so leer, so unwirklich. Was
hätte ich darum gegeben, ihn noch einmal in die Arme nehmen zu können. Aber man hatte mir gesagt, dass man Tote
nicht anfassen soll. Und so kniete ich vor seinem Bett nieder und betete, dass Gott meinen Happy doch lieb haben
möge! Dann griff ich die Tasche, schaute mich noch einmal um und verließ schließlich das Zimmer. Ich gab meiner
Oma die Tasche und meine Mutter schimpfte erneut: „Zieh
dich endlich an, Eulalie!"

Als ich wieder auf dem Weg in mein Zimmer war, klingelte es an der Tür. Es war unser Hausarzt. Er kam, um den

Tod meines Großvaters festzustellen. Er hörte das Herz ab, fühlte den Puls und drückte sein Bedauern aus. Mein letztes Fünkchen Hoffnung starb! Der Arzt ging mit meiner Mutter und meiner Großmutter in die Stube. Er gab ihnen etwas zur Beruhigung. Ich bekam nichts, obwohl ich es dringend nötig gehabt hätte, denn ich zitterte am ganzen Leib.

Wolfgang organisierte jetzt alles. Wir würden nun zum Haus unserer Großeltern fahren und dort alles für die Beerdigung vorbereiten. Das Festessen und die Geschenke wurden im Auto verstaut.

Der Bestatter erschien mit seinem Assistenten. Sie brachten einen großen Sarg mit, den sie im Flur aufstellten. Dann gingen sie zu meinem Großvater und legten ihn hinein. Sie steckten Happy einen Zahnstocher unter das Kinn.

Ich war zutiefst empört und schimpfte lautstark: „Das tut ihm doch weh! Nehmen Sie sofort das Ding da weg!" Aber der Mann meinte, das sei nötig, damit Happys Kinn nicht herunterfallen würde. „Und außerdem spürt der ja eh nichts mehr!"

Ich war viel zu benommen, um diesen Worten zu widersprechen.

Meine Mutter lehnte sich an die Truhe, die im Flur zu Füßen meines Großvaters stand. Wir mussten uns alle rechts und links neben ihr aufstellen und beten. Nie zuvor hatte ich solche Probleme mit dem „Vaterunser" wie an diesem Tag. Dann wurde der Sarg geschlossen. Als der Bestatter den Deckel zuschrauben wollte, war meine Geduld am Ende!

„Nein, nicht!", schrie ich ihn an. „Hören Sie sofort auf damit! Er kriegt ja keine Luft mehr!"

Dieses Mal gab es keine Diskussion: „Ja, ist schon gut. Ich lasse es ein bisschen offen." Dann brachten sie den Sarg mit meinem Großvater nach draußen zum Leichenwagen.

Auch wir legten in Windeseile unsere Sachen ins Auto und folgten unserem Opa. Wir weinten ganz still, keiner konnte wirklich glauben, was da geschehen war.

Als wir endlich am Hof meiner Großeltern ankamen, fühlten wir uns wie zerschlagen. Wir stellten unser Gepäck ab und aßen zu Abend. Ein Platz blieb frei – der von Happy. Nur ein Teller, Besteck und ein Glas standen dort – ein leeres Glas.

Mit 16 ist alles zu Ende

Der Tod meines Großvaters war so schrecklich für mich, dass Sterben und Tod Themen wurden, die ich aus meinem Leben herauszuhalten versuchte. Doch manchmal nützt selbst der beste Vorsatz nichts.

Als ich eines Tages die Treppe hinunterging, kam mir Wolfgang mit offenen Händen in Brusthöhe entgegen. Ich war erschrocken, weil ich schon wusste, was er im Sinn hatte, und wehrte im Zurückweichen seine Hände ab.

Wolfgang lachte dreckig: „Wehr dich ruhig, das macht mich nur noch geiler!"

Ich suchte mit den Augen nach Hilfe, aber meine Mutter, die unten am Fuß der Treppe in der Küche beschäftigt war, bekam anscheinend von alledem nichts mit, obgleich Wolfgangs Stimme kräftig, laut und lüstern klang.

Ich bewegte mich weiter rückwärts die Treppe hinauf. Er folgte mir. In Gedanken ging ich alle Judogriffe durch, die ich gelernt hatte, und dennoch war ich wie erstarrt. Als ich das Ende der Treppe erreicht hatte, nahm ich all meinen Mut zusammen, drehte mich blitzschnell um, rannte in mein Zimmer und schloss mich ein!

Wolfgangs Schritte kamen immer näher und näher, bis er vor meiner Tür stehen blieb. Mein Herz klopfte im Hals! Wird er die Tür eintreten? Nein, dieses Mal nicht. Er lachte nur dreckig und ging fort. Wie konnte meine Mutter von alledem nichts bemerkt haben?

Nach einer Weile wurde mir bewusst, dass ich noch einmal davongekommen war! Schläge, Hunger, die furchtbaren Misshandlungen und der Missbrauch, die ständige Angst – sechzehn Jahre lang hatte ich das ausgehalten. Viel zu lange. Und jetzt konnte ich nicht mehr! Ich war nun ganz allein. Happy war tot, meine Oma durften wir schon lange nicht mehr sehen. Nachbarn und Lehrer wollten sich nicht einmischen. Meine Geschwister hatten auch Angst, und meine Mutter tat so, als ginge sie das alles nichts an. Ja, selbst die Familienberatung, die ich seit einer Weile heimlich aufsuchte, war nicht mutig genug, um beherzt einzugreifen.

Meine Mutter hatte mir schon sehr früh klargemacht: „Wenn du dem Jugendamt jemals sagst, dass Wolfgang dich missbraucht oder schlägt, dann gnade dir Gott! Dann werden sie ihn einsperren und du bist schuld, wenn deine Geschwister ihren Vater verlieren. Willst du, dass es deinen Geschwistern ebenso ergeht wie dir? Willst du das?"

Nein, nein, das wollte ich nicht. Ich war doch noch ein Kind und vermisste meinen leiblichen Vater so sehr!

Ich erinnere mich noch an ein Telefonat. Ich war damals gerade sechs Jahre alt. Meine Mutter rief mich an den Apparat: „Stephi, dein Vater ist dran."

Mein Vater? Wolfgang war vieles, mein Vater war er nicht. Ich war höflich und nett am Telefon. Nach zwei, drei Sätzen nahm sie mir den Hörer aus der Hand, verabschiedete sich und legte auf.

„Na, bist du aufgeregt? Das war dein richtiger Vater. Er ist zurzeit in Bayern und wollte mal mit dir reden."

„Mein *Vater*? Mein *richtiger* Vater! Aber warum hast du mir das nicht gesagt?"

„Das hab ich doch."

Meine Mutter hatte mir bereits vor langer Zeit gesagt, dass ich meinen Vater nicht verdient hätte. Wie konnte er da am Telefon sein? Mein Vater! Ich hatte mit meinem leiblichen Vater gesprochen! Meine Seele schien vor Freude zu hüpfen. – Nein, meinen kleinen Geschwistern sollte es nicht ebenso ergehen wie mir!

Nach etwa zwei Stunden öffnete ich vorsichtig meine Zimmertür. Wolfgang war fort. Ich seufzte erleichtert. Dann ging ich fest entschlossen die Treppe hinunter, mich aber dennoch vorsichtig umsehend. Meine Mutter, ihr Mann und meine Geschwister waren gerade nicht im Haus. Ich atmete auf, ging durch die Küche ins Bad und öffnete den Medikamentenschrank. Mit ein paar Handgriffen hatte ich alle Tablettenschachteln in den Schoß meines Pullis gesammelt. Ich hatte keine Zeit, nur die Schlaf- und Beruhigungsmittel herauszusuchen. Es hätte viel zu lange gedauert, herauszufinden, um welche Art Medikament es sich handelte, da ich die Beschriftung auf den Schachteln und das Kleingedruckte auf den Beipackzetteln ohnehin nicht lesen konnte. Aber das war jetzt auch nicht wichtig. Ich nahm einfach alle Tabletten mit. Dann holte ich ein großes Kristallglas aus der Vitrine, nahm mir noch einen Tetrapack

Orangensaft aus dem Kühlschrank und ging hoch auf den Dachboden. Dort lagen alte Matratzen. Ich stapelte sie zu einem Lager und setzte mich darauf. Jetzt entfernte ich die Tabletten aus den Schachteln, legte sie in das Glas, goss den Orangensaft darauf und rührte alles mit meinem Finger um. Während sich die Tabletten langsam auflösten, sprach ich mein letztes Gebet.

Ich hatte einen Suizid nie in Betracht gezogen, weil ich dachte, Gott würde mich dann alles noch einmal erleben lassen. Und zwar so oft, bis ich nicht mehr davonlaufen würde. Ich weiß nicht, wie ich darauf kam. – Doch jetzt war der Moment gekommen, an dem ich mich nur noch nach Frieden sehnte, ganz ohne Angst! Meine Kraft, mein Lebenswille waren in diesen vielen Jahren geschwunden. Und ich war allein, ganz allein! Nein, ich hatte keine Kraft mehr, auch nur noch einen Tag länger das alles zu ertragen. Ich war am Ende! Ich konnte Gott nur noch bitten, mir meine Schuld zu vergeben, mir gnädig zu sein und mich im Tod aufzunehmen.

Beherzt leerte ich das schwere Glas, legte mich auf die Matratzen und wartete auf meinen Tod. Mit der Zeit wurde ich sehr müde und mir war furchtbar übel. Ich fühlte mich so schlecht, dass ich mich zur Toilette schleppen musste. Ich hatte blutigen Durchfall, starke Magen- und Darmkrämpfe und musste mich immer wieder übergeben.

Den ganzen Abend, die Nacht über und auch bis weit in den nächsten Tag hinein war mir sterbenselend zumute. Meine Mutter und ihr Mann waren nicht zu Hause, und als sie wiederkamen, interessierten sie sich nicht für mich. Nur mein kleiner Bruder Bastian bekam etwas von meinem Martyrium mit. Nach einer Weile spuckte ich nur noch Gallenflüssigkeit und Blut. Es war schrecklich!

Später erfuhr ich, dass meine Mutter, die unter zu festem Stuhlgang litt, ihre Hausapotheke zum größten Teil mit starken Abführmitteln bestückt hatte. Und diese machten mir nun das Sterben schwer.

Völlig erschöpft, zutiefst enttäuscht und traurig wankte ich in mein Zimmer. Als ich wieder etwas zu Kräften gekommen war, schrieb ich meiner Mutter einen Brief, in dem ich aufzählte, was ich alles Schreckliches mit Wolfgang durchgemacht hatte. Ich teilte ihr mit, dass ich leider vergeblich versucht hätte, mir das Leben zu nehmen und dass ich jetzt endlich ihre Hilfe brauchte! Dann gab ich ihr den Brief und hoffte inständig, dass sie dieses eine Mal mehr als nur die beiden ersten Zeilen lesen würde.

Ich war in meinem Zimmer, als die Tür aufging und Wolfgang vor mir stand – mit dem Brief in der Hand. Wie konnte meine Mutter ausgerechnet *ihm* diesen Brief geben? Er kam auf mich zu. Würde er mich jetzt umbringen?

„Deine Mutter hat mir das hier gegeben!"

Ich sagte kein Wort, wartete nur auf den Schlag, der mir das Leben nehmen würde. Wolfgang legte den Brief auf mein Bett.

„Es tut mir leid!", sagte er, wandte sich um und ging hinaus.

Mein kleiner Sohn Tobias

Ich war mir sicher, schon alles Leid durchgemacht zu haben. Doch alles schien nur ein Vorgeschmack auf das zu sein, was mich nun erwartete: So leer, so einsam, so voller Angst und Gewissheit, dass etwas Schreckliches geschehen war, so tief verzweifelt, voll endloser Trauer war ich nie zuvor gewesen!

Ich lag im Aufwachraum des Krankenhauses und spürte im Erwachen, dass ein Teil von mir fehlte. Ich konnte kaum sprechen, dennoch versuchte ich zu schreien: „Hilfe! Hilfe! Was ist bloß geschehen?"

Ein junger Arzt kam an mein Bett: „Was haben Sie denn? Sie wollten es doch nicht mehr und jetzt ist es weg!"

„Was? Weg! Weg? Und ich soll das gewollt haben? Was erzählen Sie denn da für einen Blödsinn?!" Meine Fassungslosigkeit, mein Entsetzen, meine Angst und mein Schmerz waren für ihn völlig unverständlich. Er hatte schon viele Abtreibungen vollzogen und nie gab es hinterher so ein Theater.

Das Problem war nur, dass ich nicht zum Schwangerschaftsabbruch hier war. Ich sollte doch eigentlich nur eine Cerclage bekommen. Da wird um den Gebärmutterhals oberhalb des Muttermundes ein zirkuläres Band eingefügt, mit dem der Muttermund verschlossen wird. Das war notwendig, weil die Gefahr bestand, dass ich mein Baby verlieren würde. Ein Routineeingriff sollte es sein, schon hundertmal gemacht, komplikationslos und doch wirkungsvoll.

Und nun lag ich hier. Dieser Arzt hielt mir einen Eimer entgegen, worin ein vollkommen zerfetzter kleiner Körper in blutigen Plazenta-Klumpen zu sehen war. „Hier, das ist Ihr Sohn! Glauben Sie es jetzt? Das wollten Sie doch, oder? Für Reue ist es jetzt zu spät!"

Ich konnte nicht glauben, was ich da sah! Das sollte mein Sohn sein? Das Kind, das noch vor ein paar Stunden heftig in mir gestrampelt hatte?

Später stellte sich heraus, dass es eine Verwechslung gewesen war. In meinem Zimmer lag ein zwölfjähriges Mädchen, das abtreiben wollte. Es hieß Stefanie. Versehentlich waren ihre Unterlagen mit meinen vertauscht worden.

Ich musste in die Klinik, nachdem ich in unserem Garten von den letzten Stachelbeeren gegessen hatte. Die Beeren waren herrlich rot. Ich zupfte mir eine Handvoll und steckte sie alle auf einmal in den Mund. Doch irgendwie schmeckten sie komisch. Da kam meine Großmutter auch schon auf mich zu: „Kind, iss die Stachelbeeren nicht. Die Nachbarn haben gerade wieder Gift gespritzt."

Schon nach kurzer Zeit bekam ich starke Magenkrämpfe, mein Baby begann heftig zu strampeln, starke Blutungen setzten ein. Der Frauenarzt überwies mich sofort ins Krankenhaus, wo man die Vergiftungserscheinungen gut in den Griff bekam. Damit ich mein Baby nicht verlor, wollte man nun noch den Muttermund verengen.

Und jetzt? Jetzt lag mein Kind zerfetzt in einem Eimer.

Meine Oma meinte zu alledem nur: „Wer weiß, wozu es gut war! Ihr wart ja nicht einmal verheiratet."

Was ist gut am Tod eines Kindes? Warum muss denn immer alles zu irgendetwas gut sein? Warum konnte sie nicht sagen: „Das ist ja schrecklich! Ich bin bei dir! Komm, ich halte dich"? – Wer weiß, wozu es gut war! Ob Menschen, die so etwas sagen, wissen, was sie damit anrichten?

Wie war es zu der ganzen Situation gekommen? Ich war damals achtzehn Jahre alt, gerade zu Hause ausgezogen und studierte Sport. In meiner kleinen Kellerwohnung mit Sitzbadewanne und Kohleöfen fühlte ich mich frei und glücklich. Und es war herrlich, so verliebt zu sein!

Sören war ein junger Marineoffizier. Es war wie im Märchen: Wir tanzten miteinander und verliebten uns. In unserer letzten Nacht beschlossen wir, miteinander zu schlafen. Sören und ich hatten keinerlei Erfahrungen in Sachen „sexueller Anziehung" – für uns beide war es das erste Mal.

Meine gesamte Aufklärung bestand aus den Legenden vom „Storch, der die Babys bringt", „den Blumen und den Bienchen" sowie einem Aufklärungsbuch, das mir meine Mutter geschenkt hatte. Wir durchforsteten also erwartungsvoll dieses Buch, aber dummerweise hörte es genau da auf, wo wir noch Informationsbedarf hatten. Dennoch versuchten wir unser Bestes. Wir dachten, diese Form des Einswerdens gehöre zum Verliebtsein dazu. Und da Sören doch am nächsten Tag mit dem Schulschiff für ein halbes Jahr in See stechen würde, blieb uns nur diese eine Nacht. (Ach, was waren wir doch naiv!)

Ich wusste sofort, dass ich schwanger war. Ich spürte diese kleine Seele in mir und das machte mich unbeschreiblich glücklich! Für Sören war die Nachricht eher ein großer Schreck. Eine Woche nach der bestätigten Neuigkeit über seine Vaterschaft kam eine Postkarte von ihm: „Du weißt hoffentlich, was du zu tun hast! Lass es wegmachen!"

Ich war entsetzt! War das der Mann, den ich so sehr liebte? Das war doch mein Kind, ein Teil von mir, ein Teil von ihm, ein Geschenk Gottes! Nein! Nein, dieses Kind sollte leben, lachen, spielen und groß werden. Es sollte all die Liebe bekommen, die mir gefehlt hatte.

Nachdem die ersten Monate der Schwangerschaft problemlos und trotz seiner Einwände glücklich überstanden waren, begann ich damit, Babysachen zu sammeln. Ich führte Tagebuch und erzählte meinem Kind von der Schönheit dieser Welt. Ich streichelte sanft meinen immer runder werdenden Babybauch und war die glücklichste Mutter aller Zeiten!

Und nun, nun war alles vorbei, für immer verloren. Mein Sohn war tot!

Als Sören von seiner Reise zurückkam, sagte er: „Ich will eine Frau, die besser auf mein Kind aufpasst!" Diese Reaktion war mir vollkommen unverständlich … Es war so verletzend! Er ging und wir sahen uns nie wieder.

Neben all der Verzweiflung bleibt mir nur der Trost, dass ich meinen kleinen Tobias eines Tages bei Gott wiedersehen werde. Dann werde ich ihn endlich in meinen Armen halten dürfen!

Mein Kampf geht weiter

Stillsitzen will gelernt sein

Als ich mit 19 Jahren von einem Afrikaurlaub mit Poliomyelitis (Kinderlähmung) zurückkam, schien für mich die Welt unterzugehen! Hörten die Katastrophen denn niemals auf? Als Sportstudentin traf es mich doppelt schlimm! Nach zwei Jahren intensiver Behandlung mit Medikamenten und gezielter Gymnastik konnte ich zwar wieder sitzen und meine Arme bewegen, aber ich war außerstande, mich darüber zu freuen. Sehen konnte ich nur, was ich verloren hatte. Ich war so verzweifelt! Die Fortschritte meiner Genesung waren mir gleichgültig, solange diese nicht dazu führten, dass ich wieder laufen konnte. Ich hatte nur noch ein Ziel: die Klinik auf meinen eigenen Beinen zu verlassen!

Dann kam der Tag, an dem ich „mit geballten Fäusten vor Gott stand". Genauer gesagt: der Tag, an dem ich versuchte, mich im Liegen anzuschauen. Da ich meinen Kopf nur leicht anheben konnte und nicht in der Lage war, mich ohne Hilfe aufzurichten, sah ich nicht viel von mir. Dennoch drehte sich mir der Magen um! Ich musste mich übergeben. Das konnte doch nicht sein, dass ich da lag: jung, hübsch, 1,84 Meter groß, schlank – und gelähmt. Ich war am Ende! Die Polio und diese Einsamkeit im Krankenhaus, sie hatten mich kleingekriegt.

In den beiden Jahren, von denen ich nun die meiste Zeit in Kliniken verbrachte, hatte ich nur zwei Besucher: meine Freundin Rieke, mit der ich Sport studierte, und meine Großmutter. Von der übrigen Familie ließ sich keiner blicken.

Omas Besuche mussten wir zu ihrem eigenen Wohl auf ein Mindestmaß reduzieren, weil sie dem Ganzen einfach nicht gewachsen war: Auf dem Hinweg wurde sie schon in der Bahn von Weinkrämpfen geschüttelt. An meinem Krankenbett brach sie fast zusammen und am Ende traute sich keiner, sie allein wieder nach Hause zu schicken. So trafen wir ein Abkommen: Sie durfte mir Briefe schreiben – und sobald es mir besser ging, fuhr ich an den Wochenenden zu ihr nach Hause.

Da lag ich nun: Ich weinte, ich schrie zu Gott: „Wo bist du? Warum hast du mich nicht beschützt? Verdammt noch mal! Mach, dass ich wieder laufen kann! Wie soll ich denn so leben? Tu doch endlich etwas! Oder hast auch du mich verlassen?" Ja, so fühlte ich mich: von der ganzen Welt und von Gott verlassen!

Als Kind hatte man mich gelehrt, dass ich nicht wütend sein dürfte, weil Gott angeblich die Wut verboten hätte. Doch nach der Hölle meines Lebens, nach dem ständigen Kampf ums Überleben war sie da, die Wut! Ich weinte und schluchzte, ich schrie und brüllte! Wenn ich schon ein Gedanke Gottes war, bevor ich das Licht der Welt erblickte, wenn Gott mich kannte und liebte, wenn er mein Vater war und ich sein Kind, dann kannte Gott doch ohnehin alle meine Gedanken und Gefühle. Warum sollte ich also ihm gegenüber heucheln und so tun, als sei alles nur halb so schlimm?

Es war schlimm. Es war furchtbar! Es war so ein unbeschreiblicher Schmerz! Denn der abschließende Befund sprach nicht nur von Kinderlähmung, sondern auch von einer Krampfader in der Halswirbelsäule, die sich durch äußerliche Krafteinwirkungen bedrohlich verdickt hatte. Jahrelange Schläge waren daran schuld.

Für mein weiteres Leben bedeutete dies, dass ich auf einen Elektrorollstuhl angewiesen bin. Dass meine Hände ziemlich kraftlos sind, dass die Ausdauer und Kraft meiner Arme stark vermindert ist, dass ich nicht frei sitzen kann, ohne mich anzulehnen oder abzustützen, und dass ich ab dem Bauchnabel abwärts gelähmt bin. Wie sollte ich denn so etwas akzeptieren?

Nach einigen Tagen war ich vom Schimpfen und Schreien so heiser, dass ich kein Wort mehr herausbrachte. Ich war so erschöpft vom Weinen und Klagen, dass man mich in meinem Bett liegen lassen musste, weil mir die Kraft zum Sitzen fehlte.

Das war der Augenblick, so schien es mir, auf den Gott gewartet hatte, denn genau in diesem Moment wurde mein Herz von Gottes Gegenwart erfüllt. Ich war mit einem Mal so glücklich, zu spüren und zu wissen, dass Gott mich doch nicht vergessen hatte. Und so kam es, dass sich meine Augen mit Freudentränen füllten.

Ich betete: „Gott, du kannst doch alles! Du brauchst nur mit den Fingern zu schnipsen und ich bin wieder gesund! Bitte, mach mich doch wieder gesund!"

Ich wartete – ich wartete sehr lange, aber mein kindlicher Glaube wurde nicht belohnt, jedenfalls nicht so, wie ich mir das vorgestellt hatte. Nach einer Weile betete ich erneut: „Schau mich doch an, Gott! Bin ich denn so für dich okay?"

Wieder geschah nichts.

Es dauerte fast eine Woche, bis ich in der Lage war, mein Gebet weiterzuführen. Eine Woche, in der Gott mir nahe war, in der ich aus seiner Gegenwart neue Kraft schöpfte. „Du hast mich nicht wieder gesund gemacht, Gott, obgleich ich nur diesen einen Wunsch habe. Wenn du mich so willst, wie ich jetzt bin, welchen Anspruch habe ich dann eigentlich an mich? Will ich meine Wünsche über deine Weisheit stellen? Wenn ich also für dich so okay bin, dann werde ich versuchen, mein Leben anzunehmen, wie es jetzt ist. Bitte hilf mir dabei, denn alleine schaffe ich das ganz gewiss nicht."

Für mich gab es nur zwei Wege: Entweder ganz – oder gar nicht. Und ich hatte mich entschieden, *ganz* zu leben – mit aller Kraft und aller Freude – trotz allem!

Mit dem Herzen hören

Da ich immer schon eine Kämpfernatur war, krempelte ich nach einiger Zeit die Ärmel hoch und fing an, mein Leben neu zu planen. Eins war klar: Wegen meiner Gehbehinderung konnte ich mein Sportstudium nicht fortführen. Also ging ich vorerst wieder zur Schule.

Das gestaltete sich allerdings äußerst kompliziert: Aufgrund einer Überreaktion auf die Medikamente, die ich im Zuge der Poliobehandlung einnehmen musste, erlitt ich in kürzester Zeit vier schwere Hörstürze und ertaubte beidseitig. Vom Im-Ohr-Gerät über Hinter-dem-Ohr-Geräte bis hin zum Taschengerät, mit dem ich vor diesem letzten Hörsturz im Tieftonbereich noch etwas hören konnte, wurde ich medizinisch und technisch versorgt. Dass ich nun mit meinen 21 Jahren bereits völlig taub sein sollte, konnte ich gar nicht glauben! Bestimmt hatten nur die Batterien meines Taschengerätes versagt. Oder die komplizierte Elektronik im Inneren des Hörgerätes war defekt.

Irrtum!

Die Menschen um mich herum waren jetzt gänzlich stumm. Trotzdem waren da Geräusche in meinen Ohren, die ich aber nicht einordnen konnte. Es hämmerte und piepste, es klingelte und dröhnte. Diese Ohrgeräusche hatten mit den Umweltgeräuschen nichts gemein. Schmerzlich lernte ich, dass Taubheit mehr ist als Stille. Ich habe immer wieder Tinnitus in den Ohren.

Am Anfang war ich furchtbar erschrocken über diese Ohrgeräusche. Höre ich doch etwas und was ist das? Es beginnt ganz leise und wird dann lauter, bis es schließlich richtig wehtut. Ich versuche mich dann mit aller Gewalt zu entspannen, was ja schon ein Widerspruch in sich ist. Irgendwann wird es wieder leiser. Das beruhigt mich und macht mich gleichzeitig traurig.

Tinnitus, ein merkwürdiges Phänomen. Ich vergleiche ihn mit einem Spasmus, der mein Bein zum Zittern bringt. Es sind für mich Zeichen von Leben, die nicht immer angenehm sind, die aber durchaus ihre Berechtigung haben. Es sind Vibrationen, die zu meinem Leben dazugehören, daher akzeptiere ich sie. Manchmal ist der Tinnitus so laut, dass ich mich nicht mehr konzentrieren kann. Anfangs kam zum Tinnitus, weil ich mich ja selber nicht hören kann, auch noch ein fehlendes Lautstärkeempfinden für meine eigene Stimme hinzu und meine Aussprache wurde recht nachlässig. Ich war gefordert; ich musste etwas tun, denn so konnte es nicht weitergehen. Die Akzeptanz meiner Behinderung ist die eine Sache, die Auseinandersetzung und ein gezieltes Training ist eine ganz andere.

Anfangs war es mir unendlich peinlich, taub geworden zu sein. Plötzlich konnte ich niemanden mehr hören; und die Menschen um mich herum behandelten mich, als hätte ich mit dem Gehör auch meinen Verstand verloren. Das war erschütternd und erniedrigend!

Hörte dieser Kampf denn niemals auf? Stand ich wieder vor dem Ende? O nein, so einfach würde ich nicht aufgeben! Ich hatte doch schon so vieles überstanden. Dann würde ich auch das noch schaffen! Ich hatte in meiner Seele doch die Hoffnung, dass nach all dem Leid endlich auch auf mich das unbeschwerte, schöne Leben, vielleicht sogar das unendliche Glück wartete. Also musste ich mich zur Wehr setzen. Ich musste aus dieser schallundurchlässigen Glasglocke herauskommen. Aber wie?

Es blieb mir nichts anderes übrig, als mich meiner Behinderung zu stellen. Ich musste sie aus Gottes Hand annehmen. Und nach einer Weile war es mir möglich, mich auf „das Neue", die Vibrationswahrnehmung von Rhythmen und Klängen einzulassen, ohne ständig den Verlust des Hörens in meiner Seele zu spüren. Mit der Akzeptanz meiner eigenen Einschränkungen war ich nun bereit, dieses Neue zu erkunden.

Dennoch wusste ich anfangs nicht, wie ich mich verhalten sollte. Die Menschen um mich herum verzogen erschrocken ihre Gesichter, ihr Kopf ging zurück, wenn ich sprach. Dadurch merkte ich, dass meine Stimme wohl zu laut war. Oder sie neigten die Köpfe leicht schräg nach vorn, was so viel hieß wie: „Sag es bitte noch einmal etwas lauter."

Da ich mich bisher immer auf mein Gehör verlassen hatte, fehlte mir jegliches Gefühl für meine eigene Stimme. Das sollte sich jetzt ändern: Mit Nachdruck arbeitete ich nun an ihrer Lautstärke, ihrer Intensität, ihrer Klarheit, ihrer Vibration, fast hätte ich „ihrem Klang" gesagt. Ja, ihrem Klang. Ich arbeite aber auch am Spüren der Klänge um mich herum. Die ganze Welt ist voller Klänge und Rhythmen – auf die wollte ich doch nicht verzichten!

Erst mit Hilfe des Logopädieunterrichts, der Musiktherapie und des Gesangsunterrichts war es mir möglich, meine eigene Wahrnehmung entsprechend zu schulen, meine Aussprache zu verbessern und meine Lautstärke zu differenzieren. Meine Atemtechnik verbessere ich durch Singen, Yoga und Saxophonspielen. Nur wenn ich müde werde, fällt mir das Sprechen etwas schwer. Aber sonst ist meine Stimme klar und mein Lautstärkeempfinden in der Regel gut.

Dann begann ich mich auf die Klangwahrnehmung um mich herum zu konzentrieren. An welche Klänge erinnere ich mich noch? Welche Klänge kann ich erfühlen? Alles hat einen Klang, selbst der Wind. Die Frage ist nur, wie nehme ich diesen Klang wahr? Und: Kann man das Hören wirklich so strikt vom Fühlen trennen? Wenn ich einen großen Gong oder eine große Trommel schlage, dann durchdringen mich die Tonvibrationen so tief, dass ich nicht sagen kann, inwieweit sich Fühlen vom Hören wirklich unterscheidet. Mein ganzer Körper ist erfüllt vom Klang. Hier gab es ein großes Potenzial, das bewusst wahrgenommen und erforscht, erlebt werden wollte. Die Welt der Vibration brachte mir die hörende Welt wieder um so vieles näher!

Hinzu kamen natürlich auch technische Hilfsmittel wie Hörgeräte.

Mit meinen digitalen Hörgeräten spüre ich die Vibrationen um mich herum stark und hoch differenziert. Wenn es sehr laut ist, können die heftigen Vibrationen in den Ohren unangenehm werden. Aber gerade für die universitäre und gottesdienstliche Arbeit sind meine Hörgeräte unerlässlich. Mit ihnen spüre ich, wenn es im Seminar laut ist. Dann kann ich meine Studenten fragen, was sie beschäftigt, und sie, wenn nötig, auch um Ruhe bitten. Im Gottesdienst helfen die Geräte, meinen Einsatz nach den Liedern zu finden. Mit meinen digitalen Hörgeräten neuster Generation höre ich sogar den tiefsten Ton meines Saxophons und das hohe C.

Zusätzlich zur Schulung der Vibrations-, Klangwahrnehmung und dem Umgang mit Hörgeräten befasste ich mich immer mehr mit der Gebärdensprache.

Obgleich ich die Gebärdensprache liebe, war es mir anfangs sehr unangenehm, mich ihrer öffentlich zu bedienen. Es führte nämlich dazu, dass die Menschen, sobald sie meine Taubheit bemerkten, nur noch in Satzfragmenten mit mir sprachen. Unangenehm und vollkommen sinnlos war auch, dass sie mir ins Ohr schrien. Ich war so wütend darüber, dass man „nicht hören können" mit „nicht denken können" gleichsetzte ... und ich nahm mir vor, dieses Vorurteil zu revidieren.

Ich wollte lernen, mein Verletztsein beiseitezuschieben und mich meinem Gegenüber bewusst zuzuwenden. Wenn ich heute Menschen sprechen sehe, dann stelle ich mir ihre Stimmen vor. Eine Dame, deren Zähne spitz hervorstehen, hat wahrscheinlich Probleme bei den S-Lauten und lispelt etwas. Ein Herr mit eher geraden Zähnen, einem breiten Mund und einem kräftigen Körperbau spricht vermutlich tief, breit und satt. Ein nach vorn gebeugter Mensch muss eine leisere, weniger kraftvolle Stimme haben als ein hoch aufgerichteter, weil sich der Klang in der Aufrichtung des Körpers mehr Raum verschaffen kann.

In der Kommunikation versuche ich Rücksicht zu nehmen: Wenn jemand traurig auf einer Bank sitzt, dann werde ich meine Stimme senken und behutsam mit ihm reden. Ich bemühe mich, seine Körpersprache richtig zu interpretieren. Ich nenne das „ganzheitliche Kommunikation", die auch Körperhaltung, Auftreten, Gestik, Mimik, die Stimmung des Augenblicks, die Umgebung, das Gesprächsthema und nicht zuletzt das eigene Empfinden berücksichtigt. Selbstverständlich ersetzt es nicht das Hören, aber es ermöglicht doch einen Einblick in das Befinden meines Gegenübers und ein differenzierteres Eingehen auf den anderen.

Mittlerweile fühle ich mich im Umgang mit anderen Hörgeschädigten sehr frei, denn mit Hilfe der Gebärdensprache gelingt die Verständigung recht mühelos, und das tut mir gut! Auf Grund der zunehmenden Sehschädigung muss ich im Dunkeln zwar auf taktile Gebärden, das Abfühlen der Gebärden, zurückgreifen, doch auch das ist kein Problem.

Musik in der Seele

Ich kann mir mein Leben ohne Klänge und ohne die Musik gar nicht vorstellen. Musik bedeutet für mich Leben, Rhythmus, Atmen, Sein – einfach alles. Sie macht mein Leben erst so richtig schön!

Meinem Schulkameraden Luis, der auch im „Kolleg für Hörgeschädigte" war, habe ich trotz meiner Ertaubung einen neuen Zugang zur Musik zu verdanken: Als ich ihm offenbarte, wie sehr ich die Musik vermisste, legte er mir seine große Lautsprecherbox auf den Schoß und schaltete seine Musikanlage ein. Kaum zu fassen: Ich konnte die Musik spüren! Inmitten von Freudentränen strahlte ich überglücklich!

Mit der Zeit wurde ich immer experimentierfreudiger, denn es reichte mir nun nicht mehr, die Vibrationen der Musik nur zu spüren. Ich wollte diese Fähigkeit ganz gezielt um- und einsetzen können: Ich suchte mir ein Instrument, dessen Tonschwingungen möglichst gleich bleiben und genau so immer wieder abrufbar sind. Ich wählte das Klavier und begann der jeweiligen Taste die entsprechende Vibration zuzuordnen. Zwei Jahre lang übte ich zwei bis drei Stunden pro Tag. Dann war ich soweit: Ich konnte an der Tonvibration und mit Hilfe der Partitur den Ton erkennen.

Mit der Zeit erkannte ich, dass selbst ich hoch differenziert Sprache, Töne und Musik in Form von Körperresonanzen wahrnehmen kann. Jeder Klang hat seine eigene Vibration. Jede Tonhöhe und Tonart hat ihren eigenen Platz im Körper, an dem sie spürbar ist. Wenn ich spreche oder singe, fühle ich den Klang meiner Stimme, selbst wenn ich sie nicht hören kann. Es gibt sehr hohe Töne, die ich oben am Gaumen und im oberen Teil meines Kopfes als Vibration wahrnehme. Sehr tiefe Töne wie zum Beispiel ein tiefes A spüre ich bis in die Lendenwirbelsäule hinein. Man fühlt den Klang in eben dem Moment, in dem er ertönt, und trägt ihn mit sich, bis er verklungen ist. Der Körper eröffnet einem eine faszinierende Klangwelt, wenn man sich auf das Wahrnehmen der eigenen Vibrationen einzulassen vermag. Mir hilft die Körperwahrnehmung dabei, „den richtigen Ton zu treffen", sprich: Lautstärke und Gefühl der jeweiligen Situation anzupassen.

Manchmal spüre ich die Vibrationen auch an meinem bodenlangen Jeans-Kleid, wenn es über den Oberschenkeln stramm gezogen ist und die Beine einen Zwischenraum bilden, und wenn ich dann meine Hand flach auf meinen Schoß und somit auf das gespannte Kleid lege. Auch ein Buch, das auf meinem Schoß liegt, kann den Klang weiter- tragen, ebenso ein prall gefüllter Luftballon. Es gibt so viele Möglichkeiten, Klänge wahrzunehmen!

Viele Menschen denken, dass Menschen, die ertaubt sind, in völliger Stille leben. Das ist bei mir anders – und damit meine ich nicht den Tinnitus, sondern die Klangwahrnehmung. Ich habe eine unstillbare Sehnsucht nach Klängen, nach Geräuschen, nach Tönen und nach Musik, und ihr Empfinden ist immer noch in mir. Wenn ich Kinder und Menschen sehe, die mir besonders nahestehen, dann wünsche ich mir, dass ich ihre Stimme hören könnte, aber spätestens beim gemeinsamen Lachen schwinden Traurigkeit und Sehnsucht. Wenn ich an meinem geliebten Meer stehe, dann sehne ich mich zwar danach, es zu hören. Aber bevor ich so richtig tieftraurig werde, stelle ich mir im Takt der ankommenden Wellen vor, wie es klingen mag.

Stille empfinde ich dann, wenn ich mir die Stimmen und Klänge um mich herum nicht mehr vorstellen kann, weil es plötzlich dunkel wird oder weil ich so müde und erschöpft bin, dass mir die Vorstellungskraft fehlt. Stille fühlt sich für mich an wie Einsamkeit und Sehnsucht zusammen. Sie tut mir in der Seele weh!

Ich erinnere mich noch an viele Geräusche, und das ist wie ein wertvoller Schatz. Anfangs fürchtete ich mich davor, diesen Schatz mit der Zeit vielleicht zu verlieren, doch mittlerweile bin ich sicher, dass er mir erhalten bleiben wird, wenn ich ihn nur jeden Tag benutze und mich an ihm freue.

Ganz besonders gern arbeite ich mit meinem Minifonator. Das ist ein Taschengerät mit einer kleinen Membran, das Töne in Form von Vibrationen weitergibt. Man kann die Membran wie eine Armbanduhr am Handgelenk tragen, aber ich halte sie lieber zwischen Daumen und Zeigefinger, denn im Daumen spüre ich die Vibrationen am differenziertesten. Mit einem solchen Minifonator kann ich sogar das Zwitschern der Vögel spüren. Er ermöglicht es mir, auch Konzerte fühlbar mitzuerleben. An der Art der Vibration kann ich unterschiedliche Instrumente erkennen.

Wenn ich die Musik in meinem Minifonator fühle, macht mich das unendlich glücklich! Wenn es Lieder sind, die ich bereits kenne, weil ich sie vom Notenblatt gelernt habe, dann singe ich sehr gern mit. Ehe ich mich versehe, beginnt mein Körper zu tanzen. Ich bin Afrikanerin, das ist nicht zu leugnen. Für diese Fähigkeit, Musik zu erleben und sie in meinen Alltag zu integrieren, bin ich sehr dankbar!

Schon als Kind habe ich viel gesungen und später, als längst ertaubte Studentin, genoss ich eine ausgezeichnete Gesangsausbildung! Wie das möglich war? Es genügte mir nun nicht mehr, dass ich mir die Musik anhand ihrer Vibrationen nur vorstellen konnte. Ich wollte selbst wieder nach Noten singen können! So lernte ich im darauf folgenden Jahr noch eifriger. Ich suchte in mir nach der entsprechenden Ton-Vibration, die der Vibrationssignatur der gedrückten Klaviertaste entsprach. Auf diese Weise konnte ich mir selbst den Gesang zurückerarbeiten. Mit der Zeit lernte ich nicht nur, die altbekannten Melodien an ihren Vibrationen wiederzuerkennen und zu singen, sondern viele neue Melodien kamen hinzu.

Wenn ich nur die Anfangsnote richtig spüre und sie in mir reproduziere, kann ich Klaviertasten, Noten, ja selbst Töne zuordnen und sie singen. Mir darf nur nicht mein eigenes Gefühl „dazwischenkommen". Fühle ich nämlich für einen Part eine freie Improvisation, so ist diese meist stärker als alle vorgegebenen Noten. Und es kostet mich viel Mühe, diese individuelle Melodie wieder aus dem Kopf zu bekommen. Mein Bauch ist nun einmal stärker als mein Kopf ...

Wieder singen zu können, das war für mich eine große Freude! Nach einiger Zeit gründete ich sogar eine eigene Band. Wir sangen Gospels und christliche Popmusik. Ich schreibe, komponiere und singe Pop-, Gospel- und Gemeindelieder, und das macht mir viel Freude!

Zwei Diplomarbeiten schrieb ich zum Thema Tanz: „Der integrative Ausdruckstanz" und „Der liturgische Tanz". Es fasziniert mich, wenn Rhythmen und Klänge sich von meinem Körper tragen lassen, wenn mein Körper den Klang in Bewegung umsetzt und sich in ihm ausdrückt. Da ist es letztlich ohne Belang, dass ich im Rollstuhl sitze, denn tanzen kann man auch im Sitzen. Man muss sich nur von der Musik durchdringen lassen.

Alles hat seinen Rhythmus. Und wenn ich diesen aufnehme, dann kommt es vor, dass sich ein neuer entwickelt, dass eine Melodie, ein Tanz oder gar ein Lied entsteht. Mancher

Rhythmus bewegt mich so, dass ich gar nicht anders kann, als ihn zu malen.

Das Malen fällt mir zwar immer schwerer, da meine Augen die Farben zunehmend dunkler wahrnehmen. Pastelltöne wurden zu hellerem Grau und sind nicht mehr voneinander zu unterscheiden, und dunkle Farben sehen für mich alle schwarz aus. Nur die kräftigen, leuchtenden Farben kann ich bei reichlich Licht noch gut erkennen. Aber im Notfall hilft ja ein Blick auf die Banderole der Farbtube. Ein guter Helfer ist hierbei mein Bildschirmlesegerät. Ich versuche alle Hilfsmittel zu nutzen, die mir bekannt sind. Denn das Malen macht mir so viel Spaß. Ich male ganz besonders gern für Kirchen, aber auch private Sammler und Interessenten kaufen meine Bilder. Auch die Bildhauerei bringt mir Freude.

Der Verzicht auf Farben, Klänge, Töne, Rhythmen und Melodien wäre ein riesiger Verlust an Lebensfreude für mich gewesen. Für mich sind dies Formen der Kommunikation, ohne die ich mir mein Leben gar nicht vorstellen kann.

Es ist für mein Umfeld oft schwer nachzuvollziehen, wie es mir möglich ist, einer Gesprächsrunde zu folgen, selbst wenn ich erst später dazukomme. Sie fragen dann: „Wie kannst du wissen, was Herr Müller gesagt hat, du konntest seinen Mund doch gar nicht sehen?" – „Ich habe Frau Maier auf den Mund geschaut und verstanden, was sie ihm geantwortet hat." Von der Antwort kann man oft auf die bereits gestellte Frage schließen und im Idealfall auch auf das Gesprächsthema.

Ich lerne mehr und mehr, dass meine Behinderung kein Makel, sondern eine Herausforderung ist: Ich bin fast blind und male doch mit Hilfe meines Bildschirmlesegerätes und mit sehr viel Licht. Ich sitze im Rollstuhl und tanze, schwimme, fliege Fallschirm, mache Aikido und fahre auf dem Bauch liegend Wasserski. Ich bin ertaubt und fühle mit meinem Körper und in meiner Seele Stimmungen, Klänge, Töne und Musik. Ich singe und kann mir ein Leben ohne die Musik gar nicht vorstellen. Und ich spreche mehrere Sprachen, vernehmbar und klar. Alles das ist für mich ganz normal, auch wenn es eine Menge Arbeit kostet. Es ist mein Leben und das nehme ich mit viel Freude und Humor aus Gottes Hand.

Dein Zauber schwindet

Wie schon erwähnt, litt ich bereits als Neugeborene unter Kurzsichtigkeit, die auf Grund einer Sauerstoffschädigung im Inkubator entstand. Daraus resultierten auch eine Sehnervdegeneration und eine zunehmende Gesichtsfeldverengung. Als ich ein Schulkind war, gelangte beim Lockenentkrausen Säure in meine Augen – was meine Lage nicht gerade verbesserte.

Meine erste Brille, die ich mit zwölf Jahren bekam, war viel zu schwach, um meine Sehfähigkeit zu verbessern. Doch wegen meines schlechten Sehens hatte ich mir nie ernstliche Sorgen gemacht – ich kannte es ja nicht anders. Die Menschen erkannte ich überwiegend am Gang und an ihrer Stimme. Wenn ich mir etwas genau anschauen wollte, dann musste ich halt mit der Nase „draufstoßen". Das war schon immer so gewesen.

Da sich die Situation mit meiner ersten Brille nicht verbessert hatte, nahm ich sie als unabwendbar hin. Erst als ich volljährig wurde, wagte ich einen zweiten Versuch. Dieses Mal ging ich ohne meine Mutter zum Augenarzt und ließ ihn einfach gewähren. Es war mir egal, ob die Brille nun dicke oder dünne Gläser bekommen sollte, wichtig war nur, besser sehen zu können. Mit einer Fernbrille von mehr als minus 8 Dioptrien und einer neuen Sehfähigkeit von 65 Prozent war es, als hätte sich vor mir ein dichter Schleier gehoben, der viel zu lange über allem gelegen hatte.

Das war doch wie ein Zauber! Und so nannte ich sie dann auch: meine „Zauberbrille"! Es war herrlich! Jetzt konnte ich meine Welt ganz neu entdecken. Es machte mir großen Spaß, mit meiner neuen Brille nun den altbekannten Stimmen auch die entsprechenden Gesichter zuzuordnen. Manchmal war ich richtig amüsiert, aber meistens passte beides wunderbar zusammen.

Zum ersten Mal konnte ich auch meine Mutter richtig erkennen. Wir trafen uns zufällig an der Bushaltestelle, als ich gerade meine neue Brille abgeholt hatte. Entsetzt rief sie aus: „Igitt! Was ist denn das? Wie siehst *du* denn aus?! So kommst du mir aber nicht nach Hause. Diese Glasbausteine! Da hast du dir ja was Feines andrehen lassen. Warte mal, bis Wolfgang das sieht, dann setzt es was!" Ich denke, dass meine Mutter den Ernst der Lage nie richtig erfasst hat.

Zu Hause trug ich meine „Zauberbrille" nur sehr selten, um sie vor Schlägen zu schützen. Wie groß war meine Freude über diese Brille! Die Freiheit, die sie mir schenkte, schien grenzenlos! Ich sah die Blumen auf der Wiese und in klaren Nächten den Vollmond am Himmel. Ich machte sogar den Führerschein! Doch das Lesen war nach wie vor schwer für mich. Erst im Studium erleichterte eine Lupenbrille mir das Lesen.

Zu dieser Zeit hatte ich einen kleinen, aber folgenschweren Unfall: Ich versuchte, einen befreundeten Physikstudenten zu schützen, als er ein Eisen-Aluminium-Gemisch ohne Schutzbrille im Mörser zerstampfte. Für mich als Physikmuffel war es recht interessant, einmal in die praktische Physik hineinzuschnuppern, obgleich das nun wirklich nicht mein Fachgebiet war. Ich lehnte mich also nach vorn, um meine Hände schützend vor seine Augen zu halten, da er keine Schutzbrille trug. Unvermittelt stieß er kraftvoll mit dem Mörser in die Schale, und so flogen nun *mir* die Metallkörner in die Augen. Aus meinem linken Auge konnte ein großes Stück herausoperiert werden; aber da dieses Gemisch nicht magnetisch ist, konnte man die kleineren Splitter nicht entfernen, was mein Gesichtsfeld punktuell weiter einschränkte.

Nach und nach wurde mein Sehnerv immer schwächer. Die Kurzsichtigkeit nahm rapide zu. Mein Gesichtsfeld verengte sich dramatisch und ich wurde vollständig dämmerungsblind. Ich hätte nie gedacht, dass sich meine Sehkraft in so kurzer Zeit so sehr verschlechtern würde, dass meine „Zauberbrille" ihren Glanz und ihren Zauber verlieren könnte. Aber so war es!

Ich bekam immer stärkere und kompliziertere Gläser. Die Ärzte versuchten wirklich ihr Bestes, doch irgendwie war der Zauber verschwunden! Mit dem Autofahren war es nun schon lange vorbei, das schmerzte mich am meisten! Schade war auch, dass ich nicht mehr mit offenen Armen auf meine Freunde „zugehen" konnte: „He, hallo, ich hab mir doch gleich gedacht, dass du es bist. Wie schön, dich zu sehen!"

Jetzt müssen die Menschen auf mich zukommen und manchmal einfallsreich sein, so wie beispielsweise mein Professor: Es war ein leichtes Nieseln in der Luft, als ich durchs Uni-Center „spazierte". Ich sah kurz nach oben und freute mich am Nieselregen. Da weckte irgendetwas, das sich am Rande meines Gesichtsfeldes bewegte, mein Interesse. Ich blieb stehen und fokussierte dieses Etwas ganz genau. Nach einer kleinen Weile erkannte ich, dass es sich um einen Regenschirm handelte, der auf und ab bewegt wurde. Ich sah an dem Schirm herunter und entdeckte meinen Professor! Das war mir ja so peinlich, denn um ein Haar hätte ich ihn einfach übersehen. Wie gut, dass man mir die Röte im Gesicht nicht gleich ansieht ...

Je mehr meine Sehkraft abnahm, umso schwieriger wurde es für mich, in der eigenen Wohnung zurechtzukommen. Insbesondere in der Küche. Hier halfen mir die Erfahrungen meiner blinden und sehbehinderten Freunde. Es ist zum Beispiel wichtig, dass alles gut ausgeleuchtet ist. Und so ähnelt meine Wohnung heute mehr und mehr einem kleinen Lampengeschäft.

Gott scheint mich mit einem Gewichtheber zu verwechseln; denn sein Wort sagt, dass jeder nur so viel Leid und Schmerz auferlegt bekommt, wie er auch tragen kann. Ich hatte eigentlich gedacht, mein Maß sei schon lange voll! Wie sollte das bloß weitergehen?

Bei jeder Sehverschlechterung musste ich erneut stark sein – und das machte mich richtig wütend! Ich wollte nicht mehr stark sein! Ich wollte endlich auch mal genießen und einfach nur leben, ohne mir alles erkämpfen zu müssen!

Doch ich merkte bald, dass diese Einstellung nicht gerade hilfreich war. Mich verließ aller Mut und ich war mit meiner Kraft völlig am Ende! Laufen konnte ich nicht mehr. Damals war ich 19 Jahre alt und zwei Jahre später ertaubte ich beidseitig; und nun sollte ich auch noch meine Sehfähigkeit verlieren und womöglich erblinden? Nein, das war zu viel! Ich betete zu Gott um Erlösung. Gelähmt und taubblind – nein, das konnte ich mir als Lebensperspektive nicht vorstellen! So wollte ich nicht leben! Was sollte denn aus meinen Träumen und Zielen werden?

Ich hoffte inständig, dass Gott diesem Albtraum ein Ende setzen würde! Ich sagte: „Gott, wenn du meinst, dass ich so leben kann, dann irrst du dich! Ich habe keine Kraft mehr! Ich habe nur noch Angst! Herr, bitte hilf mir!" Aber er sah das wohl anders.

Es folgte eine Zeit völliger Zurückgezogenheit. Ich war nicht einmal mehr in der Lage, mich um meine eigene Post zu kümmern, geschweige denn um meine liebsten Freunde. Es kostete mich unendlich viel Kraft, morgens aufzustehen und zur Arbeit zu gehen. Doch dann begann ich, ganz behutsam, mich mit meiner zunehmenden Sehbehinderung auseinanderzusetzen. Das war gar nicht so einfach, denn lange weigerte ich mich, sie zu akzeptieren. Die Vorstellung, gelähmt und taubblind zu sein, machte mir große Angst!

Heute besitze ich mit bester optischer Versorgung und bei optimalen Lichtverhältnissen nur noch etwa drei Prozent der normalen Sehkraft. Seit 2001 bin ich als „gesetzlich blind" eingestuft. Dass sich mein Sehen in den letzten Jahren nur wenig verschlechtert hat, lässt mich hoffen, doch nicht völlig zu erblinden. Wie schön, dass Gott doch noch gnädig mit mir ist!

Drei Prozent Sehkraft, das ist doch immerhin noch etwas – Grund genug zur Dankbarkeit, wo ich doch solche Angst im Dunkeln habe … Zurzeit lese ich mit einer Brille von sage und schreibe plus 80 Dioptrien. Das ist eine Sonderanfertigung, bei der ich selbst mitgearbeitet habe. Auf ein planes Glas mit einem Kantenfilter wurden „UniVision-Linsen" von jeweils plus 40 Dioptrien auf den Vorder- und Rückseiten der Gläser mit einem Kleberand aufgebracht. Eigentlich waren die Linsen nur für das Anbringen auf der Glasvorderseite gedacht. Doch das hat für mich leider nicht ausgereicht. Mit den so gewonnenen plus 80 Dioptrien konnte ich quasi ein tragbares Lesegerät konstruieren, mit dem es mir möglich ist, große Schrift zu erkennen. Um Bücher lesen zu können, bin ich aber weiterhin entweder auf die Brailleschrift oder auf mein Bildschirmlesegerät angewiesen. Mit einer Verstärkung von minus 38 Dioptrien kann ich im Abstand von etwa achtzig Zentimetern bei guter Beleuchtung von den Lippen ablesen, weil mein Sehnerv auf Bewegungen reagiert.

Die Brille auf der Nase meines Gesprächspartners sehe ich aber nicht. Ich sage immer: „Wenn die Brille in deinem Gesicht hoch und runter hüpfen würde, dann hätte auch ich eine Chance, sie zu erkennen."

Ein Monokular (ein kleines Fernrohr) hilft mir, Dinge zu erkennen, die etwas weiter weg sind. Um mich aber bei Regen, Schnee, in der Dämmerung und bei Dunkelheit zu orientieren, benötige ich den Langstock und den „Elektrobodyguard", das ist ein Sensor, der mittels Vibration anzeigt, dass sich ein Gegenstand in unmittelbarer Nähe befindet. Morgens brauche ich lange, bis meine Augen ein verwertbares Bild erkennen. Aber auch damit lernt man zu leben.

Früher dachte ich, es sei wohl leichter, wenn man von einem Tag auf den anderen erblindet, als wenn man immer wieder feststellen muss, dass der Bereich des Erkennbaren nochmals kleiner geworden ist. (Allein dieses Kapitel habe ich in den letzten Jahren wegen der zunehmenden Sehbehinderung immer wieder umschreiben müssen.) Trotz aller Verzweiflung darüber möchte ich natürlich keine einzige Minute verpassen, in der ich noch etwas sehen kann!

Zu meinem Alltag gehören Kommunikationsformen wie die Blindenschrift (Vollschrift), das Lormen (das ist das Tastalphabet für Taubblinde) und neben der normalen auch die taktile Gebärdensprache. Da ich meinen Mund auch nach der Abenddämmerung nicht halten kann, bin ich ganz froh, dass ich die taktile Gebärdensprache und das Lormen beherrsche. Beim Lormen muss man bei mir allerdings, wegen der Lähmung in den Händen, recht stark aufdrücken. Die meiste Zeit lese ich aber von den Lippen ab. Das klappt bei entsprechender Beleuchtung gut; und wenn das Licht fehlt, dann lobe ich mir meine starke Taschenlampe … Man muss sich nur zu helfen wissen.

Anfangs kostete es mich unendlich viel Überwindung, einen Blindenstock zu benutzen! („Ich bin noch nicht blind! Ich sehe doch noch etwas.") Ja, ich sah noch etwas, aber es reichte nicht mehr aus, um nach der Arbeit als Taubblindenseelsorgerin alleine nach Hause zu kommen. Ich hatte damals einen hilfsbereiten Sekretär, er hieß Arne.

Dieser begleitete mich abends heim. Doch auf Dauer war das für mich keine akzeptable Lösung. Ich wollte nicht wie ein kleines Kind an die Hand genommen werden. Ich wollte es allein schaffen! Aber einen Blindenstock, den wollte ich auch nicht! („Wie sieht denn das aus? Alle werden denken, ich sei blind.")

Nach einigen Tagen hatte Arne eine gute Idee. Es war schon sehr spät am Abend, als wir nach getaner Arbeit zwischen den Feldern, weit weg von Straßen und Menschen, ein Experiment durchführten: Arne hatte sich vom Fahrradhändler eine besonders helle Taschenlampe ausgeliehen. Und die sollte ich nun wie einen Taststock auf dem Boden hin und her schwenken, um auf diese Weise meinen Weg zu finden. Das war wirklich schwer, denn ich konnte das Licht erst richtig erkennen, wenn ich direkt angestrahlt wurde. Nach einem Viertel des geplanten Weges ging die Taschenlampe aus, die Batterien waren leer. Da bat ich Arne, mir seine Hand zu reichen. Doch stattdessen gab er mir einen Blindenstock.

Ich war entsetzt! „Du spinnst wohl! Den benutze ich nicht. Niemals!" Mit ein paar Handbewegungen, die ich gut ertasten konnte, gab mir mein Sekretär zu verstehen, dass ich entweder mit diesem Taststock oder allein weitergehen könne, er würde mir seine Hand nicht geben. Da brach ich vor Wut in Tränen aus, aber das schien ihn völlig kalt zu lassen. Er hielt mir diesen dämlichen Blindenstock immer wieder hin.

Was für eine Überwindung! Aber nach einer Weile griff ich dann doch zu. Ich versuchte es einfach mal. Es war Nacht, niemand konnte mich sehen und Arne war ja in meiner Nähe. Ich nahm den Taststock in meine linke Hand und bediente den Joystick meines Elektrorollstuhls mit der rechten. Ich hatte wahnsinnige Angst! Jede Schnecke hätte mich wahrscheinlich mit Anlauf überholen können – doch ich kam vorwärts. Es ging zwar sehr langsam und war unglaublich anstrengend, aber es funktionierte. Auf einmal war mein Ehrgeiz geweckt: Nun wollte ich die ganze geplante Strecke allein zurücklegen.

Als die Hälfte geschafft war, fühlte ich mich völlig erschöpft! Mein Rücken, mein Arm und meine Hand waren verkrampft und taten entsetzlich weh. Doch einfach so stehen bleiben, das konnte ich jetzt doch auch nicht. Also setzte ich fest entschlossen den Heimweg fort. Nach den Feldern kamen der Bürgersteig und die Straße – auch hier musste ich entlang. Arne hielt sich so sehr zurück, dass ich mich ab und zu fragte, ob er überhaupt noch da war.

Ein Parkplatz wäre mir fast zum Verhängnis geworden: Plötzlich stand ich vor einem Auto und dann vor noch einem und schließlich vor einer hohen Dornenhecke. Ich fuhr ein Stück zurück. Irgendwo hatte ich ganz offensichtlich einen Fehler gemacht, aber wo? Und wieder stieß ich an einen Wagen. Nun hatte ich meine Orientierung gänzlich verloren. Hilflos rannen mir die Tränen über die Wangen. Arne nahm mich tröstend in die Arme, aber dann ließ er mich wieder los. Er wollte, dass ich allein einen Ausweg aus dieser Situation fand. Ich atmete tief durch und fuhr zurück. So weit zurück, bis ich wieder wusste, wo ich war.

Es dauerte fast drei Stunden, bis wir zu Hause ankamen. Endlich! Am Tag ging man diese Strecke in zehn bis fünfzehn Minuten. Ich war völlig erschöpft und doch so glücklich!

Arne umarmte mich: „Ich bin stolz auf dich! In Zukunft kannst du allein nach Hause gehen."

Es dauerte noch etwas, bis ich so weit war. Mein erster Taststock war auch nicht weiß, wie es die Straßenverkehrsordnung vorschreibt. Ich hatte ihn dunkelblau lackieren lassen, damit er nicht wie ein Blindenstock aussah. Doch mit der Zeit wurde ich so selbstbewusst, dass ich mich auch mit einem weißen Stock auf die Straße wagte. Und zwar ganz allein!

Mein Leben hatte sich erneut verändert! Was will Gott bloß von mir? Warum passiert das ausgerechnet mir? Ich glaube nicht an den züchtigenden, strafenden Gott, der mit dem Teufel um mich spielt, wie es im Buch Hiob beschrieben ist. Ich glaube an den liebenden Gott, den Freund, den Lehrer und den Arzt, der es trotz allem immer gut mit mir meint und der mir schon durch so vieles hindurchgeholfen hat. Daran halte ich mich fest; und das gab und gibt mir auch in dieser Situation Kraft und immer wieder neuen Lebensmut! Ich lernte und lerne von Neuem, mein Leben anzunehmen. Was bleibt mir auch anderes übrig?

Ich versuche, mich auf das Heute zu konzentrieren, denn wer weiß schon wirklich, was morgen sein wird? Mein Leben ist mir viel zu kostbar, als dass ich es in Sorge und Trübsal verbringen möchte!

Ich hätte beispielsweise nie das Fallschirmfliegen gelernt, wenn ich mich so leicht hätte unterkriegen lassen: Als ich einmal im Urlaub war, gab es am Strand ein verlockendes Angebot von Wassersportarten. Eine interessierte mich ganz besonders: „Parachuting". Und so sprach ich mit Marid, dem verantwortlichen Animateur: „Ich möchte gern Fallschirm fliegen."

„Du? Das geht doch nicht. Du kannst ja nicht einmal laufen. Wie willst du starten und wie landen? Es tut mir leid, aber das ist unmöglich!"

„Das Problem sind der Start und die Landung?"

„Ja."

„In Ordnung. Wenn ich eine Lösung für dieses Problem finde, darf ich dann fliegen?"

„Aber sicher. Wenn du jemals eine Lösung findest, dann darfst du auch fliegen."

„Versprochen?"

„Versprochen!"

Ob Marid wohl wusste, worauf er sich da einließ? Nach drei Stunden stand ich wieder vor ihm.

„Na, willst du zuschauen?"

„Nein. Ich möchte fliegen; denn ich habe das Problem gelöst." Er grinste ungläubig. Selbstsicher und strahlend trug ich Marid das Ergebnis meiner Überlegungen vor: „Ich starte am Strand im Sitzen. Wenn die Windgeschwindigkeit etwas stärker ist als üblich und wenn das Motorboot gleichmäßig Gas gibt, dann müsste ich auch aus dieser Position in die Luft kommen."

Er nickte nachdenklich. „Und was ist mit der Landung?"

„Ich lande im Wasser. Ich schwimme nämlich auch ohne Beintätigkeit sehr gut."

Hatte ich es geschafft? Der Wind wurde stärker und Marid begann zu lachen: „Na, dann wollen wir mal."

„Darf ich fliegen?"

„Ja, du darfst!" Ich konnte es kaum fassen!

Marid und sein Assistent hoben mich aus dem Elektrorolli und setzten mich in Startposition an den Strand. Sie legten mir den Gurt an und klinkten das eine Ende des Taus dort ein. Das andere Ende war am Motorboot befestigt. Durch die Geschwindigkeit des Bootes und des Windes sollte ich in die Luft gezogen werden.

Marid erklärte mir noch die Handhabung des Fallschirms, dann war es soweit: „Wenn du wieder runterkommen sollst, dann pfeife ich."

„Nein, Marid, das ist zwecklos. Hast du vergessen, dass ich nichts höre?"

„Okay, dann winke ich. Und nun gib mir deine Brille."

Ich gab sie ihm und schüttelte nur belustigt den Kopf. Und schon ging es los. Ich hob ab! Hoch oben über dem Meer stieß ich einen Freudenschrei aus: „Ich fliege!" Ich fühlte mich Gott so nahe. Oh, war das herrlich!

Es dauerte lange, sehr lange, doch der Kampf hat sich gelohnt! Ich sitze zwar heute in einem Elektrorollstuhl und bin taubblind mit einem Restsehvermögen von drei Prozent, doch ich komme überraschend gut zurecht. Und ich denke nicht daran, aufzugeben! Ich bestehe nämlich nicht nur aus einem Rollstuhl, Kontaktlinsen, Spezialbrillen und Hörgeräten (obgleich ich ohne sie hilflos wäre), sondern auch aus Herz, Gefühl, Geist und Verstand, aus einer großen Portion Humor, Spontaneität und Lebensfreude!

Meine Hobbys sind Singen, Texten, Komponieren und Musizieren: Ich spiele Saxophon, Gitarre und Tischharfe. Ich schreibe Fachartikel und Kinderbücher. Dank eines engagierten Trainers lernte ich Aikido für Rollstuhlfahrer und kann mich heute sogar körperlich verteidigen! Rollstuhltanzen, Schwimmen, Tauchen, Wasserski (auf dem Bauch liegend – das ist echt toll!), Bildhauerei und Malerei sind meine Hobbys. Ich mag alles, was kreativ und spontan ist. Ich liebe Rosen, den zarten Duft der Kornblumen und das Meer. Ich bin gerne in der Natur und habe viel Spaß mit meinen Freunden.

Im Garten Gethsemane
in Jerusalem

Prof. Kedar bringt mir
das Laufen bei

Gezogen von einem
Motorboot fliege ich

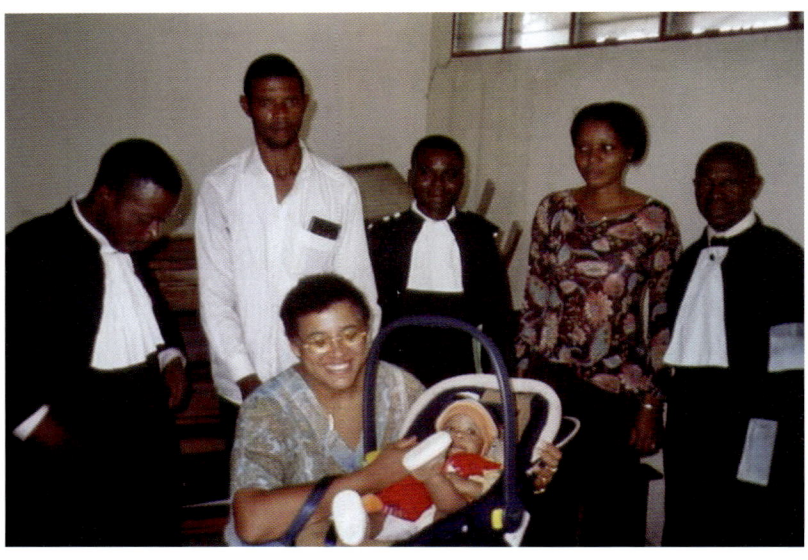

Die Adoption: Jetzt bin ich Mama!

Drei Generationen auf einem Bild

Ganz nah ran: So kann ich am Bildschirm lesen

Prinz Ijan und ich mit unserem Kindermädchen
beim Babyschwimmen

„Töne kann man auch fühlen."
Gitarre und Saxophon spielen sind zwei meiner Hobbys

Im Zug: Ausstieg über die Rampe auf dem Weg in die Stadt.

Mein ganzes Glück

„Mama, schneller! Na komm schon!"

Mein kleiner Prinz!

Eine arabische Frau
mit Feuerholz auf dem Kopf

Die Sonne

Sehnsucht nach Familie

In den Fluten

Als ich nach meiner Ertaubung eine Zeitlang in dem Internat für Hörgeschädigte lebte, suchte ich mir dort eine neue Gemeinde. Nach einigen Probegottesdiensten fand ich eine Baptistengemeinde, in der ich mich heimisch fühlte. Hier verstand man meine Sehnsucht nach lebendiger Gemeinschaft, nach einer Art geistlicher Familie; und man hatte Antworten auf meine Fragen.

Beim Lesen der Bibel war ich nun nicht mehr auf mich allein gestellt. Ich konnte mit anderen diskutieren und auch musische und künstlerische Interpretationswege ausprobieren. Erst in der gemeinschaftlichen thematischen Auseinandersetzung kam mir die Bedeutung des Abendmahles richtig klar zu Bewusstsein und ich verstand, was Sündenvergebung war. Dieses dicke Buch, es wurde mir immer vertrauter und erschloss mir das Wesen des Gottes, den ich schon so lange liebte.

Diesem Gott wollte ich nun ganz gehören, ohne Wenn und Aber, ohne Ausflüchte! – Mit zwölf Jahren hatte ich mich bereits in einer kleinen Hausgemeinde dafür entschieden, mit Jesus zu leben. Dennoch war es nur ein halbherziges „Ja" gewesen. Ich liebte Jesus, daran bestand kein Zweifel; und doch gab es einen Bereich, den ich ihm nicht überließ. Wenn es um die Liebe ging, da wollte ich das Heft fest in der Hand behalten. Dabei lagen Gottes Stärken doch gerade auf diesem Gebiet. Diese Halbherzigkeit sollte nun aufhören! Ich liebte Gott, also wollte ich ihm auch ganz gehorchen.

Für mich war das der Schritt zur Glaubenstaufe. Es liegt mir fern, festzulegen, welche Taufe die richtige ist. Das spürt jeder in seinem Herzen. Für mich war es dieser Weg. Ich konnte es gar nicht mehr erwarten, endlich dieses ganze „Ja!" zu Gott zu sagen.

Geduld war noch nie meine Stärke. Doch nun musste ich mich gedulden, denn mein Pastor war noch drei lange Wochen im Urlaub. Aber dann war es endlich soweit! Ich rechnete mit nichts Großem, lud lediglich meine Mitschüler zum Taufgottesdienst ein. Aber da machte ich die Rechnung ohne meine Gemeinde! Die Kirche war halb voll! Meine Freunde waren da, sie hatten meine Lieblingstorte für mich gebacken, führten ein Pantomimenstück auf, meine Lehrerin übersetzte den Gottesdienst in die Gebärdensprache und der Chor sang extra für mich. Das war alles viel zu schön, um wahr zu sein!

Chrissy sprach den Taufvers, den sie eigens für mich ausgewählt hatte: „Der Herr ist mein Licht und mein Heil: Vor wem sollte ich mich fürchten?" (Psalm 27,1). Dann wurde ich samt Rollstuhl im Taufbecken versenkt. Ed, Chrissys Mann und sein Freund Harald waren meine Taufhelfer. Und sie hatten einen Riesenspaß dabei.

„Drei Minuten!", meinte Ed grinsend.

Harald nickte. „Wird gemacht!"

Ich schluckte nur, dann holte ich tief Luft! In diesen drei *Sekunden* unter Wasser war es, als würde ich alles verstehen. Ich ging als ungewolltes, misshandeltes und missbrauchtes Kind hinein und kam als geliebtes Kind Gottes wieder heraus. Mein Glück kannte keine Grenzen! Nun gehörte ich zu Jesus Christus und zu einer Gemeinde. Ich war nicht mehr allein!

Mein schönstes Geschenk

Durch den Haus-zu-Haus-Verkauf von Kosmetika hatten meine Mutter und Gundula sich kennengelernt. Damals war ich noch sehr klein. Gundula sah, wie es mir in meiner Familie erging, und sie entdeckte ihr Herz für mich.

Anfangs war unser Kontakt sehr eng. Später zog Gundula mit ihrem Mann und ihren beiden Söhnen in den Süden. Wir besuchten uns nur sehr selten. Doch als sie nach einigen Jahren zurück in den Norden kamen, konnten wir uns wieder öfter sehen. Ich freute mich darüber. Immer, wenn ich Lust hatte, durfte ich zu ihnen kommen. Und wenn ich es zu Hause nicht mehr aushielt, waren sie für mich da. Es war, als würde Gott mir noch einmal eine Familie schenken.

Zu meiner „Pflegefamilie" gehörten neben Gundula ihr Mann Ullrich, Manuel, Sönke und der kleine Lasse. Sönke und Lasse waren für mich wie Brüder. Manuel kenne ich nur aus Erzählungen, denn er starb schon als kleines Kind bei einem schweren Unfall. Trotzdem lebte er in den Herzen dieser Familie – und das war schön. Sönke war etwas jünger als ich, ein lieber, stiller, feiner Junge. Lasse, ein kleiner Wirbelwind, war wie mein Bruder Bastian auch neun Jahre jünger als ich.

Wenn Ullrich und ich mit dem Bus in die Stadt fuhren, war ich immer so stolz auf ihn. Er war zu mir wie ein Vater, wie ein *guter* Vater. Und endlich fühlte ich mich wie eine Tochter, das machte mich sehr glücklich! Die meiste Zeit verbrachte ich aber mit Gundula. Sie zeigte mir, wie man Kuchen backt – obgleich ich die Linzer Torte lieber in fertigem Zustand vor mir hatte; da konnte ich direkt losschlemmen. Gundula war immer für mich da, wenn ich Kummer hatte.

Mit 25 Jahren kam ich einmal verzweifelt zu Ullrich und Gundula. Ich hatte an meine Mutter Beate geschrieben, um wieder einmal einen Kontaktversuch zu starten. Wir hatten uns schon sieben Jahre nicht mehr gesehen, seit ich mit neunzehn Jahren zu meiner Großmutter gezogen war. Damals hatte Wolfgang gesagt: „Wenn die Oma dich aufnimmt, dann ist sie genauso schwarz wie du! Wir werden dann keinen Kontakt mehr zu ihr haben!"

Doch die Sehnsucht nach meiner Mutter war trotzdem da. Als sich abzeichnete, dass die Hoffnung auf eine Antwort vergebens war, überkam mich eine so tiefe Traurigkeit, dass ich meine Pflegeeltern besuchte. Sie hörten mir zu und trösteten mich. Allerdings gab mir Ullrich zu bedenken: „Stephani, vielleicht ist nicht nur die Frau die Mutter eines Kindes, die es zur Welt gebracht hat, manchmal ist es auch die, die es liebt!"

Da fiel es mir wie Schuppen von den Augen: Gundula hatte mich zwar nicht zur Welt gebracht, aber sie liebte mich wie eine eigene Tochter. Sie sagte einmal: „Du bist für mich die Tochter, die ich nie geboren habe." Jetzt begriff ich, dass sich meine Sehnsucht schon längst erfüllt hatte! Ja, es gibt Mütter, die ihre Kinder unter dem Herzen tragen. Aber es gibt auch die Mütter, die ihre Kinder *im* Herzen tragen.

Gundula strahlte vor Glück, als ich zum ersten Mal „Mama" zu ihr sagte, und auch ich war überglücklich! (Beate war für mich „Mutter" und Gundula „Mama".) Nun hatte auch ich eine Mama – die mich lieb hatte und die ich liebte! Es war, als wenn Gott meine innigsten Gebete wieder einmal auf seine ganz individuelle, wunderbare Weise erhört hätte.

Aber leider veränderte sich unsere Beziehung durch einen folgenschweren Zwischenfall. Ullrich war schon viele Jahre schwer herzkrank. Mit der Zeit veränderten die starken Medikamente seine Persönlichkeit. Früher war er ein Mann, vor dem ich mich nie fürchten musste. Ich ehrte ihn wie eine Tochter ihren Vater. Doch dann kam dieser furchtbare Tag: Ullrich und ich, wir waren in meinem Auto unterwegs, um für meine Oma eine neue Haustür zu kaufen. Die Tür lag schon hinten im Wagen. Ullrich saß neben mir auf dem Beifahrersitz, als wir vor dem Bahnhof hielten, von wo aus er mit der Bahn wieder zurück nach Hause fahren wollte. Da geschah es: Bei einem ganz normalen Abschiedskuss öffnete er ganz plötzlich seinen Mund.

Ich zuckte zurück und saß da wie erstarrt! „Nein!", dachte ich. „Nein! Das darf doch nicht wahr sein! Er ist doch wie mein Vater! Was …? O Gott, nein!"

Dann sagte ich: „Ich will solche Küsse nicht. Die gehören der Mama!" Ich war kein Kind mehr und doch verhielt ich mich wieder so. Innerlich sagte ich zu mir: „Sei wie erstarrt und stelle dich tot, dann überstehst du es vielleicht!" Zu gern hätte ich Ullrich in diesem Augenblick eine geklebt, aber ich konnte es nicht. Stattdessen sagte ich: „Geh bitte!"

Ullrich ging in den Bahnhof und fuhr mit dem Zug nach Hause. Ich fuhr bis zur nächsten Ecke, hielt an und brach weinend zusammen. Als wir uns später wieder sahen, fragte ich ihn: „Warum hast du das getan?" Ullrich kannte doch meine Lebenssituation. Umso erschütterter war ich über seine Antwort: „Stephani, ich wollte dich nur mal ausprobieren."

War das der Mann, auf den ich so stolz war? Was hatten die Medikamente bloß aus diesem feinen, liebevollen und humorvollen Menschen gemacht?

Als ich mit meiner Pflegemutter darüber sprach, verstand sie erst gar nicht, was ich meinte; daraufhin schrieb ich ihr alles noch einmal ausführlich in einem Brief. Doch ihre Antwort war erschütternd. Sie schrieb, dass ich nicht mehr ihre Tochter sei und fortan nicht mehr „Mama" zu ihr sagen dürfe. Sie wollte mich nicht mehr sehen.

Was für ein Schmerz musste es für Gundula gewesen sein, als sie erkannte, dass ihr Mann nicht mehr der liebevolle Vater von einst war!

Ich war nicht schuld an der Situation, und doch war ich es, die alles verlor. Es zerriss mir das Herz!

Diese Sehnsucht nach meinen Müttern … wird sie je vergehen?

Der Weihnachtsbesuch

Wie sehr meine Großmutter in den vergangenen Jahren ihre Tochter und ihre Enkelkinder vermisst hatte, verdeutlicht ein Ritual, das sich über neun Jahre hinzog: Jeden Freitag backte meine Großmutter ein ganzes Blech schlesischen Pflaumenkuchen, „Mohbabe" oder Streuselkuchen. Sie richtete alles schön her, setzte sich in der Stube ans Fenster und wartete auf ihre Tochter und ihre Enkelkinder. Beate kam auch. Sie parkte ihr Auto genau vor Omas Stubenfenster, besuchte dann die Nachbarn und fuhr wieder fort. Oft sah meine Großmutter ihre Tochter vom Fenster aus und weinte sehr. Aber Beates Herz ließ sich nicht erweichen. Sie kam nicht herein.

Der Kuchen blieb stehen bis zum Donnerstag. Auch ich durfte ihn nicht anrühren. Am Donnerstag tunkte meine Oma den mittlerweile steinharten Kuchen in ihren heißen „Blümchenkaffee" und weinte bitterlich.

Als ich es nicht mehr ertragen konnte, stellte ich ihr ein Ultimatum. Ich wusste mir keinen anderen Rat mehr: „Diese Backerei mache ich nicht mehr mit! Entweder ziehe ich aus und besuche dich dann nur noch – oder du hörst endlich damit auf!"

Das war wie ein Erwachen! Meine kleine Großmutter sank in meine Arme und sie weinte sich nach so vielen Jahren und unzähligen Kuchenblechen den tiefen Schmerz von der Seele. Von diesem Tag an backte sie nur noch für uns.

Für meine Oma und mich war es das neunte Weihnachtsfest, das wir zu zweit feierten. Weihnachten ohne ihre Tochter und Enkelkinder, das war für sie kaum zu ertragen. Umso glücklicher war ich diesmal über eine ganz besondere Überraschung, denn mein Bruder Bernhardt kam mit seiner Freundin Susanna zu Besuch. Welch eine Freude! Wir hatten Bernhardt seit über zehn Jahren nicht mehr gesehen. Aus einem kleinen Jungen war mittlerweile ein stattlicher junger Mann geworden. Wir nahmen uns herzlich in die Arme und machten es uns in der Stube gemütlich.

Nach einer Weile kam Susanna auf den Grund ihres Besuches zu sprechen: „Ich bin jetzt seit zwei Jahren mit deinem Bruder zusammen", sagte sie, „aber bis vor ein paar Wochen wusste ich nicht, dass er noch eine Schwester hat. Nie wurde von dir gesprochen. Und es gibt auch keine Fotos oder Ähnliches, was darauf schließen ließe, dass es neben Karina noch eine weitere Schwester gibt."

Meinem Bruder war dieses Thema äußerst peinlich, das sah ich ihm an.

„Dann sagte Bernhardt einmal gedankenverloren: ‚Das machst du ja genauso wie Stephani!' Und als ich wissen wollte, wer Stephani ist, da druckste er nur herum. Ich wurde wütend und dachte, dass er neben mir noch eine andere Freundin hätte. Da gestand er mir endlich, dass er noch eine zweite Schwester habe … eine schwarze Schwester, die behindert sei und bei seiner Großmutter lebe. Weil das alles so komisch klang, fragte ich eure Mutter nach dir, aber sie klärte das nicht auf."

Jetzt meldete sich Bernhardt zu Wort: „Susanna wollte kein Weihnachtsgeschenk. Sie wollte dich kennenlernen! Und jetzt sind wir hier."

Als sich das Gespräch vertiefte und ich über meine Kindheit sprach, da stand Bernhardt auf und ging in den Garten. Er sagte mir später, dass er das längst verdrängt hatte und es nicht ertragen konnte, alles noch einmal zu hören. Da wurde mir bewusst, dass diese achtzehn Jahre nicht nur für mich die Hölle gewesen sind, auch für meine Geschwister ist diese Zeit sehr schwer gewesen.

Als Kinder war es ein Leichtes für sie, die Schuld an einer zerbrochenen Scheibe oder einer zerrissenen Hose mir zuzuschieben, weil sie wussten, dass nicht sie, sondern ich die Prügel dafür bekommen würde. Aber mit der Zeit wurde es für sie immer schwerer, mit dieser Schuld zu leben. Es war wesentlich leichter, die Schwester zu verdrängen und zu verleugnen, als sich eingestehen zu müssen, dass es die eigenen Eltern waren, die diese so misshandelt hatten; und dass sie selber es waren, die das Ganze noch zusätzlich forcierten.

Doch was mir meine Geschwister auch immer angetan hatten, ich hatte es ihnen schon damals verziehen, denn sie waren doch Kinder! In meinem Herzen war und ist ein ganz besonders lieber Platz für sie reserviert. Und da gibt es keinerlei Schuldzuweisungen!

Und plötzlich bist du achtzig

Nach dem Tod meines Großvaters hatte ich versprochen, für meine Großmutter da zu sein. Doch dieses Versprechen konnte ich wegen des furchtbaren Familienkrieges erst vier Jahre später einlösen.

Meine Großmutter und mich verband etwas ganz Besonderes, eine Liebe, die tief in der Seele wurzelte. Wenn meiner Oma Gefahr drohte, träumte ich manchmal vorher davon. Ich erzählte ihr dann meinen Traum und sie nahm sich besonders in Acht.

Wenn ich krank war, wusste sie es, selbst aus der Ferne. Während meiner Zeit im Ruhrgebiet hatte ich eine so starke Gallenkolik, dass eine sofortige Operation notwendig wurde. Als der Krankenwagen gerade mit mir losfuhr, bekam die Internatszentrale einen Anruf von meiner Großmutter. Niemand hatte ihr Bescheid gesagt; sie konnte also gar nicht wissen, wie es mir ging. Und doch war ihre erste und einzige Frage: „In welchem Krankenhaus liegt sie?"

Auf Grund unseres Temperamentes gab es zwischen uns aber auch Konfliktsituationen. Meine Großmutter war eine liebevolle, aber mit zunehmendem Alter recht dominante, ja starrsinnige Person. Wenn ich sie besuchte, sollte ich auch *ganz* für sie da sein. Das wurde deutlich, wenn ich meine Freundin Birte besuchen wollte. Birte saß auch im Rollstuhl, war zwei Jahre älter als ich und wohnte nur eine Straße weiter. Obwohl der Weg kurz war, durfte ich sie nur unter großem Protest besuchen. Deshalb kam Birte meistens am Abend zu mir, wenn meine Oma schon zu Bett gegangen war.

„Stephani, ich will, dass du für *mich* da bist!", sagte meine Großmutter immer wieder. „Du sollst dich um mich kümmern und dich nicht mit jungen Leuten verabreden!"

Dadurch konnte ich nur unter großen diplomatischen Mühen Kontakte mit meinen Freunden pflegen. Ab und zu gab es auch Streit deswegen, aber ich fand, dass mein Leben es wert war, für diese Freiheit zu kämpfen. Ich wusste ja, was dahintersteckte: Omas Angst, erneut verlassen zu werden.

Diese Angst verschärfte sich, als ich ganz ins Ruhrgebiet zog, um dort zu studieren. Ein halbes Jahr vor Semesterbeginn war alles geplant. Meine Großmutter war zwar nicht übermäßig glücklich über meine Entscheidung, studieren zu wollen, aber ich hoffte, dass sie sich langsam an den Gedanken gewöhnen würde. Schließlich war ich damals schon 24 Jahre alt – da wurde es Zeit, auf eigenen Beinen zu stehen.

Zwei Tage vor meiner geplanten Abreise brach es dann

aus ihr heraus: Meine Oma lag, wie der „sterbende Schwan" drapiert, auf den untersten Stufen der Holztreppe im Flur.

„Stephani, ich werde sterben, wenn du gehst. Siehst du denn nicht, wie schlecht es mir geht? Du kannst mich nicht verlassen! Denk doch an dein Versprechen. Das ist mein Todesurteil!"

Tief erschüttert und schockiert stand ich am Fuß der Treppe und fand vor Schreck einfach keine Worte. Meine Großmutter flehte mich an, auf mein Studium, auf mein Leben zu verzichten!

Da tippte mir plötzlich jemand auf die Schulter. Es war mein guter Freund Malte. Er musste durch die weit geöffnete Tür zum Hof hereingekommen sein. Ob er da schon lange gestanden hatte?

Oma zog an meiner Bluse: „Du darfst mich nicht verlassen, ich sterbe sonst!"

Wieder tippte Malte mich an: „Wo sind deine Koffer?"

„Meine Koffer? Im Schlafzimmer." Ich konnte mich jetzt weder um Malte kümmern noch um meine Koffer; meine Großmutter brauchte mich!

Omas „Sterbeszene" hatte noch nicht ihren Höhepunkt erreicht, da spürte ich, wie Malte die Griffe meines Rollstuhls fest in beide Hände nahm und mich vorbei an meiner hysterisch gewordenen Großmutter durchs Haus zum Auto schob.

„Was machst du da?", protestierte ich.

Da stellte sich Malte vor mich. „Das reicht mir jetzt!", schimpfte er. „Wenn ich dich nicht sofort ins Auto setze, damit du ins Ruhrgebiet fährst, dann wirst du die nächsten zwanzig Jahre auch noch hier verbringen."

„Aber meine Koffer. Und was ist mit meiner Oma?"

„Deine Koffer sind schon im Auto und um deine Oma kümmere ich mich. Das lass mal meine Sorge sein. Die beruhigt sich schon wieder. Und jetzt fahr los!"

Während meiner Studienzeit verbrachte ich die Semesterferien ebenso wie die Wochenenden bei meiner Großmutter. Doch sie bedauerte immer schon bei meiner Ankunft, dass ich bald wieder abfahren würde. Durch diese negative Sicht konnte sie meine Anwesenheit nur bedingt genießen. Schade, denn es war doch so eine kostbare Zeit für uns beide!

Eines Tages nahm sie mich beiseite, sah mich liebevoll an und sagte dann: „Ach, Stephi! Ich hab dich ja so lieb. Für mich bist du schon fast weiß!" Strahlend schloss sie mich in die Arme. Bei dieser Liebeserklärung musste ich – zugegebenermaßen – etwas schlucken, aber ich merkte auch, dass sie von Herzen kam.

Das Dominante im Wesen meiner Großmutter verlor sich schlagartig mit ihrem achtzigsten Geburtstag. „Jetzt bin ich alt!", verkündete sie mir. Offenbar hatte sie das für sich so beschlossen. Und deshalb brannte auch pünktlich zu ihrem achtzigsten Geburtstag das erste Geschirrtuch auf dem Herd an …

Meine Oma lebte ihre Vorstellung vom Altsein konsequent aus. Plötzlich hatte ich ein achtzigjähriges Kleinkind mit einem ausgeprägten Dickkopf zu versorgen. Für mich brach eine Welt zusammen. Gestern waren wir noch gemeinsam zum Bummeln in der Stadt gewesen – und heute wusste sie nicht mehr, wie man den Herd bedient oder die Zähne reinigt. Eine schwere Zeit begann.

Als ich sie später einmal fragte, warum sie an ihrem achtzigsten Geburtstag beschlossen hätte, nicht länger selbständig zu sein, da sagte sie: „Ja, Stephi, heute tut mir das eigentlich auch leid. Ich hätte doch noch so viel Schönes erleben können. Aber damals dachte ich, dass es mein gutes Recht ist, alt zu sein."

Mein Zuhause

Nicht nur meine Oma änderte ihre Lebensgewohnheiten – unser ganzes Leben veränderte sich: Ich saß im Rollstuhl am Fenster und sah ins „Gärtel" meiner Großmutter. Der Herbstregen hatte seine Spuren hinterlassen. Der Wein, der sich wild rankend an unserem Haus schlängelte, hatte mit den Jahren auch dieses Fenster erreicht. Sein rotes Herbstlaub bedeckte ein schmales Beet unter dem Fenster, auf dem im Frühling Krokusse und Schneeglöckchen blühten. Auch von Omas rundem Rosenbeet war nicht mehr viel zu sehen. Die Fliederbüsche waren groß wie Bäume geworden.

Dieser von meiner Großmutter so behütete kleine Garten sah heute ebenso traurig aus wie das leere Schlafzimmer meiner Großeltern, in dem ich gerade stand. Hier hatte ich als Kind im großen Bett auf der „Besucherritze" meinen behüteten Schlafplatz gehabt.

Und jetzt? Nicht einmal Gardinen gab es mehr. Ein bitterliches Weinen – mein Abschiedsschmerz – erfüllte den Raum. Es war der Abschied von meinem Zuhause! Dieser Ort, dieser alte Bauernhof, er war mein Zuhause. Hier konnte, hier durfte ich Kind sein. Hier war ich geborgen. Und hier erlebte ich die wenigen glücklichen Tage meiner Kindheit.

Meine Gedanken schweiften in die Ferne: War es nicht gestern erst, als wir Kinder hinter der kleinen Garage „Vater-Mutter-Kind" spielten? Damals war es kalt und ungemütlich gewesen. Daher bekam mein Nachtgebet noch einen kleinen Zusatz: „Lieber Gott, schenk mir doch bitte ein Haus zum Spielen. Heute war es so kalt auf der Terrasse."

Dieser Wunsch hatte meinen Großvater lange beschäftigt … und eines Tages stand doch tatsächlich ein Haus im Garten. Ein Kinderhaus, ganz aus Holz mit einem Reetdach, das man nach hinten aufklappen konnte, um sich oben zu sonnen. Es war ein Traum! Es hatte eine kleine Türöffnung und drei Fenster – eines unten links, ein großes Blumenfenster auf der Rückseite und ein hübsches kleines Erkerfenster in der ersten Etage. Als wir älter waren, durften wir Kinder im Sommer sogar ganz allein in unserem Häuschen übernachten. Heute war es schon ganz verwittert, aber damals, da war es das schönste Haus der Welt! Ob die neuen Besitzer es wohl stehen lassen würden?

Mein glückliches Kinderlachen hallte noch immer in meiner Seele wider, ebenso wie das lautstarke Herumtollen mit meinen vier Geschwistern, Happys liebe Worte, Omas vom Backen bemehlte Hände und der Duft von frischem Kuchen. Alles das sollte nun wirklich zu Ende sein?

Da meine Großmutter an den Folgen eines Schlaganfalls und eines Herzinfarktes litt und auch ich gerade meinen zweiten Herzinfarkt überstanden hatte, war es uns leider nicht mehr möglich, diesen kleinen Bauernhof zu erhalten.

Meine Oma hatte, im Gedenken an ihren Mann, an Haus und Hof schon lange nichts mehr reparieren lassen. Sie wollte, dass alles so blieb, wie Opa es damals hinterlassen hatte. Da sie keinerlei Argumenten zugänglich war, blieb mir nichts anderes übrig, als schweren Herzens zuzusehen, wie unser Haus immer mehr verfiel. Als ich sie endlich so weit hatte, dass sie der Renovierung und einem Umbau zustimmte, war der finanzielle Aufwand erheblich. Hinzu kamen die Kosten für Omas 24-Stunden-Pflege.

Großmutters Rente, meine Mietzahlungen und ein Teil meiner staatlichen Studienförderung reichten nicht aus, um den laufenden Verbindlichkeiten in vollem Umfang nachkommen zu können. So blieb uns nach zwei Jahren nichts anderes übrig, als das Haus zu verkaufen. Der Erlös würde die Schulden tilgen.

Ich nahm meine Großmutter mit zu mir ins Ruhrgebiet. Anfangs versuchte ich, sie selbst zu pflegen, aber das schaffte ich einfach nicht. Und so zog sie in ein schönes Pflegeheim ganz in meiner Nähe, und ich besuchte sie täglich. Auf diese Weise konnten wir trotzdem oft zusammen sein.

Gott wendet mein Schicksal

Der Segen der Zweitgeborenen

Im Jahr 1995, etwa sieben Monate vor dem Tod meiner Großmutter, geschah etwas Unglaubliches. Sie lebte damals schon in einem Altenheim, ganz in der Nähe meiner Studentenwohnung im Ruhrgebiet.

„Kind, weißt du", sagte meine Oma gedankenverloren, „ich bin schuld daran, dass du keinen Vater hast."

Überrascht sah ich sie an.

„Ich wollte nicht, dass unsere einzige Tochter einen Schwarzen heiratet. So etwas gehört sich einfach nicht! Ich meine ... Heute tut es mir schon irgendwie leid ... Aber, Kind, bedenke die Zeit damals!" Meine Oma holte tief Luft. „Weißt du, wenn ich nun bald vor Gott stehe, dann will ich meine Schuld doch noch loswerden."

Wir sprachen lange über die damalige Zeit, und ich spürte, dass es meiner Großmutter wirklich leidtat.

Vom Verkauf unseres Bauernhofes hatten wir nach Abzug der Schulden noch einen kleinen Restbetrag, über den ich verfügen durfte. Dieser Umstand und die Stimmung, in der meine Oma gerade war, ließen mich darauf hoffen, dass meine sehnlichsten Wünsche sich vielleicht erfüllen ließen: Ich hätte so gern meinen Vater gesucht! Und ich hätte das „Heilige Land" gern einmal gesehen. Bisher waren das unerreichbare Träume gewesen. Aber eigentlich brauchte ich etwas ganz anderes: sechs Wochen Erholung. Das Leerräumen des kleinen Bauernhofs, der Umzug meiner Oma und schließlich der Verkauf – das alles hatte mich sehr mitgenommen!

Nie zuvor hatte ich an mich gedacht. Immer kam zuerst meine Oma – denn auch ich hatte bei ihr stets Vorrang genossen. Eine Pause, das wäre jetzt genau das Richtige! Ja, ich wollte auch einmal an mich denken. Rasch entschlossen buchte ich für mich einen vierwöchigen Erholungsurlaub in Israel. Aber vorher wollte ich für eine Woche nach Zaire, in die heutige Demokratische Republik Kongo, fliegen, um nach meinem Vater zu suchen. Eine Woche, das war knapp bemessen für mein Anliegen. Aber allein mit einem Elektrorollstuhl, taub und fast blind in einem Kriegsgebiet … dafür war eine Woche kühn genug! Wenn ich meinen Vater finden würde, könnte man dieses Unternehmen, wenn es ihm recht wäre, gern wiederholen. Sollte ich ihn dieses Mal nicht finden, dann würde ich später, sobald es mir möglich wäre, eine erneute Expedition starten.

Ich musste schnell handeln, denn es war ganz und gar nicht die Art meiner Großmutter, so milde gestimmt zu sein. Wer konnte schon wissen, wie lange das vorhielt? Um sie nicht in Angst und Schrecken zu versetzen, erwähnte ich ihr gegenüber gar nichts von der Suche nach meinem Vater. Ich sagte nur, ich würde eine Kur in Israel machen und für einige Wochen wegfahren. Da sie mich aber sehr gut kannte, ahnte sie wohl, dass ich auch nach Zaire fliegen würde, um meinen Vater zu suchen.

Ich fragte: „Oma, bitte, würdest du mir diese Wochen meines Lebens schenken? Es wird dir auch an nichts fehlen. Dafür habe ich gesorgt.“

Schweigen. „Wenn ich damit etwas wiedergutmachen kann – dann flieg ruhig“, sagte sie schließlich.

Hatte meine Großmutter sich die Zustimmung zu einer so langen Trennung auch gut überlegt? Nein, das hatte sie nicht. Denn nach diesen knapp sechs Wochen sprach sie drei Tage lang kein einziges Wort mit mir! Sie war so wütend darüber, dass ich tatsächlich so lange weggeblieben war. Nach diesen quälenden Tagen des Schweigens sagte sie: „Ich hatte Angst, du würdest deinen Vater finden und dann nie wieder zurückkommen."

„Es tut mir leid. Ich wollte dir keine Sorgen bereiten, aber ich konnte nicht anders. Ich musste ihn einfach suchen."

Meine Oma nahm mich endlich in die Arme und drückte mich lieb: „Ich verstehe dich, mein Kind. Du bist ja wieder hier!"

Doch jetzt hatte ich diese spannende Zeit erst noch vor mir. Wenn ich damals an meinen Vater dachte, erinnerte ich mich nur an fürchterliche Zwangsbriefe, die meine Mutter mir diktierte.

„Komm her! Setz dich hin und schreib!"

„Was soll ich denn schon wieder schreiben?"

„Halt den Rand! Hier rede ich! Du schreibst jetzt einen Brief an deinen Vater in Afrika!"

Ob ich wohl diesmal schreiben durfte, was wirklich passiert war?

„Schreib, dass es dir hier gut geht!"

„Nein!"

„Ich schlag dich windelweich! Du schreibst das jetzt, verdammt noch mal. Schreib!"

Mittlerweile hatte ich schon etliche Backpfeifen bekommen. Meine Wangen glühten vor Schmerzen. Und immer noch weigerte ich mich, so etwas zu schreiben.

„Schreib: Lieber Papa, oder Vati, oder wie du ihn nennen willst, es geht mir gut. Ich habe hier genug zu essen, schöne Kleider und viele Freunde."

„Aber das stimmt doch gar nicht! Ich habe oft Hunger und unsere Kleider kommen aus den Sammelsäcken, die die Leute auf die Straße stellen. Und Freunde habe ich auch kaum. Die Kinder dürfen doch nicht mit mir spielen, weil ich schwarz bin."

„Papperlapapp! Keine Widerrede! Schreib gefälligst: Mein deutscher Papa und meine Mama sind sehr lieb zu mir."

„Nein! Nein! Das schreib ich nicht!"

„Ich schlag dich windelweich, wenn du weiterhin so bockig bist! Und jetzt tu gefälligst, was ich dir sage!"

„Nein!"

Nach einer heftigen Prügelaktion saß ich erneut am Tisch. Jetzt fehlte mir die Kraft, mich weiterhin zu wehren, und so schrieb ich: „Lieber Vati! Es geht mir gut. Meine Mama und mein deutscher Papa sind sehr lieb zu mir. Ich bekomme nie Prügel, reichlich zu essen, habe viele Freunde und ich bin gut in der Schule. Liebe Grüße, deine Tochter Stephani." Viel lieber hätte ich geschrieben: „Oh, Vati! Bitte, bitte hole mich hier weg! Wenn du mich lieb hast, dann kommst du einmal und schaust, was hier wirklich los ist und nimmst mich mit."

Meine Mutter, die diese Briefe immer heimlich mit mir schrieb, damit ihr Mann Wolfgang uns dabei nicht erwischte, weil er uns sonst gewiss totgeschlagen hätte, schien meine Gedanken, meine tiefsten Sehnsüchte und heimlichen Hoffnungen zu ahnen. Und so machte sie ihnen ein jähes Ende: „Hör gefälligst auf zu träumen, Eulalie! Dein Vater ist in Afrika, weil du nun mal keinen Vater verdient hast. Du bist dumm und faul. Nimm dir ein Beispiel an deiner kleinen Schwester, die gehorcht wenigstens."

Nicht einmal die Sehnsucht nach einem eigenen Vater durfte ich haben. Aber sie war immer da. Und jetzt, jetzt sollte sie sich erfüllen, nach so langer Zeit? Ich wusste nicht, wie mir geschah! Alles drehte sich in mir!

Hoffentlich würde meine Oma ihre Meinung nicht noch ändern. Eile war geboten! Ich musste mich noch um die Visa kümmern. In sechs Tagen sollte es schon losgehen.

Meine Freundin Uta brachte mich zum Flughafen. Ich konnte es kaum fassen: Ich war auf dem Weg zu meinem Vater! Das war zu fantastisch, um wahr zu sein!

Doch zugleich machte ich mir Gedanken: Wie und wo sollte ich ihn bloß finden? Ich hatte doch nur ein altes Foto von ihm und eine Postfachadresse, von der mir niemand sagen konnte, ob sie noch aktuell war. Briefe und Telegramme, die ich an dieses Postfach geschrieben hatte, waren entweder zurückgekommen oder unbeantwortet geblieben. Das war sicherlich die größte Schwierigkeit, aber es gab noch weitere: Ich hatte nur diese eine Woche, um meinen Vater zu finden, und ich war ganz allein in einem Land, in dem Bürgerkrieg herrschte. Außerdem besaß ich nur wenig Taschengeld. Es reichte gerade für Essen, Trinken und eine preiswerte Pflegekraft. Was wäre, wenn mein Elektroroll-stuhl eine ernsthafte Panne haben würde oder sonst etwas Unvorhergesehenes passierte? Die Vernunft hätte ein so halsbrecherisches Unternehmen schon im Ansatz verboten. Aber vernünftig, nein, das war ich damals nicht. Ich fragte wie immer mein Herz und hörte auf mein Bauchgefühl. In

Verbindung mit dem Gebet bin ich damit stets gut zurechtgekommen. Darauf hoffte ich auch dieses Mal.

Nun saß ich tatsächlich in der Maschine, die mich in die Hauptstadt von Zaire, nach Kinshasa, bringen sollte. Würde sich der Traum meines Lebens doch noch erfüllen? Ich wagte es kaum zu hoffen. Einunddreißig Jahre lang hatte ich davon geträumt, dass mein leiblicher Vater mich in die Arme schließen würde … Jetzt hob die Maschine der Air France ab. Oh, mir war so richtig flau im Magen!

Ich bemühte mich, ruhiger zu werden, aber dann flossen die Tränen doch und ich dachte voller Freude: „Papa, ich fliege zu dir! O mein Gott, das ist ja wirklich wahr!"

Ich versuchte, Haltung zu bewahren. Nach so langen, leidvollen Jahren versuchte ich instinktiv, mich zu schützen. Und so erlebte ich diesen Flug wie in einem Traum. Die Wolken vor dem Fenster und die leichte Vibration der Motoren – ja, es war wirklich ein Traum. „Hoffentlich erwache ich nicht!"

Nach einem Zwischenstopp in Paris ging es weiter nach Gabun. Und dann war es soweit: Der Anflug auf den Flughafen Ndjili, am Stadtrand von Kinshasa, begann. Meine Gefühle lassen sich nicht beschreiben: Mein Magen, meine Seele, mein Geist, meine Gedanken, alles war völlig durcheinander.

Das Flugzeug war gelandet. Als alle anderen Passagiere ausgestiegen waren, kam die Stewardess mit ihrem kleinen Transportrollstuhl zu mir. Am Ausstieg fuhr der Hubwagen hoch, ein Helfer nahm mich in Empfang. Noch im Flugzeug hielt ich ihm das alte Foto meines Vaters entgegen und fragte ihn auf Englisch: „Kennen Sie diesen Mann?"

„Nein", sagte er, „wer ist das?"

„Das ist mein Vater und ich suche ihn."

„Geben Sie mir ruhig das Foto. Ich frage mal herum, ob jemand ihn kennt."

Ich war voller Vertrauen. Gott hatte mich so weit geführt, da würde er mich doch jetzt nicht im Stich lassen. Und so übergab ich ihm das einzige Foto meines Vaters.

Und dann, als ich am Gepäcklaufband den bewaffneten Soldaten sah, konnte ich nur noch ein Stoßgebet zum Himmel schicken: „O Herr, bitte mach, dass alles gut geht!" Ich hatte nämlich einen Koffer mit Medikamenten mitgebracht; und dass ich den besser hätte verzollen sollen, wurde mir erst in diesem Moment klar.

Gott erhörte mein Gebet. Als meine Koffer auf dem Fließband direkt vor dem Soldaten lagen und dieser sich anschickte, den ersten zu öffnen, da hielt ihm der freundliche Helfer, der mich bis zur Abfertigung begleitet hatte, das Foto meines Vaters vors Gesicht. Nun waren beide fieberhaft darum bemüht, noch andere Menschen zu finden, die meine Suche unterstützten. Meine Koffer blieben ungeöffnet!

So kam es, dass mir schon nach kurzer Zeit weitere Flughafenbedienstete, Soldaten und Reiseleiter aktiv bei der Suche nach meinem Vater halfen. Als ich im Hotel ankam, wusste man auch dort bereits von meiner Suche und beteiligte sich eifrig daran.

Auf mich wartete aber noch eine ganz besondere Überraschung: Für den vereinbarten Zimmerpreis stellte man mir nämlich eine ganze Suite zur Verfügung. Ich fühlte mich wie ein Staatsoberhaupt! Ich hatte einen Salon, einen Flur, ein Schlafzimmer, zwei Bäder und zwei große Balkone, von denen man über die ganze Stadt blicken konnte. –

Ob mein Vater wohl irgendwo hier lebte oder musste ich ganz woanders suchen?

Ich machte mich auf den Weg zur Rezeption. Sabine, die junge Empfangsdame, teilte mir freudig mit, dass jetzt schon der Geburtsort meines Vaters bekannt sei. Ich wollte mich gerade auf den Weg machen, als sie kopfschüttelnd vor mir stand: „O nein! Sie bleiben hier. Sonst suchen wir nachher nicht nur Ihren Vater, sondern auch noch Sie! Gehen Sie doch in Ihre Suite und machen sich ganz besonders schön für Ihren Vater. Und sorgen Sie sich nicht, wir finden ihn ganz bestimmt."

Ich befolgte ihren Rat. Nun war ich schon drei Stunden in Zaire – so nah bei meinem Vater und doch so weit von ihm entfernt.

Voller Unruhe ging ich abermals zur Rezeption, erfrischt, mit einer schönen Bluse und etwas Rouge auf den Wangen. Ich bat Sabine um ein Schließfach für meine Papiere. Noch während wir das dafür notwendige Formular ausfüllten, bemerkte ich, dass Sabine plötzlich wie erstarrt vor mir stand: Ihre Schultern waren nach vorn gebeugt, ihre Hände auf die Theke der Rezeption gestützt, ihr Mund stand weit offen und ihre Augen sahen das Unglaubliche! Das wollte ich nun aber auch sehen, und so drehte ich mich um.

Durch die Eingangshalle kam ein Herr mit offenen Armen auf mich zugelaufen. Neben ihm rechts und links je ein junger Mann. Irgendetwas rief dieser Herr in der Mitte, aber was war es bloß?

„Stephani! Stephani!"

Und mit einem Mal stand er vor mir: *mein Vater!* Die beiden jungen Männer, die ihn umrahmten, waren meine Brüder Didier und Julian. Ich konnte es nicht fassen. Da stand mein Vater, mein leiblicher Vater! Er nahm mich in seine Arme, und meine Brüder taten es ihm gleich. Es schien alles so unwirklich. Und doch wusste ich, dass bei Gott alles möglich war! Warum nicht auch das? Oder träumte ich das alles nur?

Sabine träumte sicher nicht. Sie stand mit beiden Beinen im Hier und Jetzt, und sie war sehr kritisch: „Woher wissen Sie, dass er Ihr Vater ist? In unserem Land muss man vorsichtig sein. Da kann ja jeder kommen!"

Mein Herz wusste es, aber das reichte Sabine nicht. Sie fragte ihn nach seinem Namen und verglich unser Äußeres. Spätestens jetzt war es offensichtlich, dass vor mir meine Familie stand: Denn unsere Nasen sahen alle gleich aus. Verständnisvoll beantwortete mein Vater alle Fragen nach dem Namen meiner Mutter, nach meiner Heimatstadt. Ja, es bestand kein Zweifel: er war mein Vater, mein richtiger Vater!

Aber dann füllte ich doch erst einmal das Schließfach-Formular zu Ende aus und legte meine Papiere in den Safe. Ich dachte: „Wenn ich jetzt wieder auf den Flur trete und sie stehen noch da, dann ist das kein Traum. Dann ist das alles Wirklichkeit!" Jawohl, sie standen alle noch in der Hotelhalle. Noch nie in meinem ganzen Leben war ich so glücklich gewesen!

Oben in der Suite gab ich meinem Vater einen Koffer voller Kleidungsstücke, die ich vorsorglich in allen Größen für Kinder, Frauen und Männer zusammengestellt hatte, sowie den Koffer mit den Medikamenten. Mein Vater und meine Brüder freuten sich über meine Geschenke.

Schmunzelnd hielt mir Papa eine der Medikamentenschachteln entgegen. Eine befreundete Ärztin hatte in den vergangenen Tagen Arzneimittel für mich gesammelt und mir diese kurz vor der Abfahrt übergeben. Da ich meine Lupenbrille nicht griffbereit hatte, konnte ich nicht gleich erkennen, was sie mir alles eingepackt hatte. Es waren unter anderem 69 Schachteln der Anti-Baby-Pille, und eine dieser Schachteln legte mir mein Vater gerade in den Schoß: „Die Pille? Stephani, das ist zu spät. Du musst wissen, dass du schon *viele* Brüder und Schwestern hast."

Oh, war mir das peinlich!

Nun wollte mein Vater mir meine afrikanische Familie vorstellen. Ich hatte Angst! Ich war doch nicht nach Zaire gekommen, um seine Ehe zu zerstören. Eigentlich wollte ich ihn doch nur einmal sehen und in den Arm nehmen. Doch mein Papa wischte alle meine Bedenken mit einer Handbewegung fort: „Du bist mein Kind und du gehörst zu meiner Familie!" Er bestellte ein Taxi und schon waren wir unterwegs.

Mein Bruder Didier, der neben mir im Taxi saß, war sehr nachdenklich. Warum ich ihnen keine Tickets für eine Reise nach Deutschland geschickt hätte, wollte er wissen. Dann wären sie doch längst zu mir gekommen. Wenn das möglich gewesen wäre, sagte ich ihm, dann hätte ich das schon vor vielen, vielen Jahren getan.

Nach einer Weile des Schweigens ergriff er meine Hand: „Hier sind eine Menge Brüder und Schwestern für dich!" Er hielt meine Hand liebevoll umschlossen, bis wir mit dem Taxi das Haus unserer Familie erreichten.

Das ganze Dorf war auf den Beinen! Oder war es die ganze Familie? Vermutlich beides. Kinder liefen neben dem Taxi her und winkten. Als wir vor dem Haus meines Vaters standen, war das Taxi von einer großen Menschenmenge umringt. Unendlich viele kleine und große Hände begrüßten mich begeistert. Mein Vater musste ein Machtwort sprechen, damit man ihn mit meinem Elektrorolli durchließ. Als ich dann im Rolli saß, hatte ich auch schon die ersten Kinder auf dem Schoß. Viele Hände wurden geschüttelt und liebe Menschen umarmten mich. Dann brachte mein Vater mich ins Haus.

Die Menschenmenge, die mir hier gegenüberstand, war zwar kleiner, aber immer noch unüberschaubar.

„Das ist deine Schwester, das ist dein Bruder, da drüben steht dein Cousin, hier ist deine Tante, das ist auch deine Schwester, dort ist deine Mama Anne-Marie und das hier ist auch deine Mama, Mama Therese." (Aha, mein Vater hatte also mehrere Frauen.) „Das ist die Freundin deines Bruders, hier ist deine Cousine ... hab ich schon gesagt, dass auch der da drüben dein Bruder ist?" Hilfe, wie sollte ich die bloß alle auseinanderhalten?

Mein Vater führte eine zarte und sehr schöne junge Frau ins Zimmer. „Das ist deine große Schwester Dorothee", sagte er. „Dorothee ist zwei Jahre älter als du."

Schon als kleines Kind hatte ich von meiner großen Schwester geträumt. Jedes Mal, wenn meine Mutter schwanger war, fragte ich sie, ob ich jetzt eine große Schwester bekäme. „Ja, sicher", sagte sie. Doch es kam wieder nur ein kleines Baby dabei heraus. Natürlich freute ich mich über dieses Baby, aber ich war trotzdem enttäuscht, weil meine Mutter mir nicht die Wahrheit gesagt hatte.

In mir war nämlich so ein ganz tiefes Gefühl, eine Sehnsucht ... vielleicht auch eine Gewissheit. Ja, ich wusste, dass ich eine große Schwester hatte. Aber ich wusste nicht, wo sie war.

Die Bibel kennt nur den Segen des Erstgeborenen. Ich kann gar nicht erklären, warum ich diesen Segen auf mir spürte, und dennoch wusste meine Seele, dass ich noch eine große Schwester haben muss. So nannte ich dieses Gefühl den „Segen der Zweitgeborenen". Denn meine Seele spürte die ihre, noch bevor ich von ihr wusste.

Und nun stand sie leibhaftig vor mir: Meine große Schwester Dorothee! Mein Glück war vollkommen! Es war, als würde Gott all das Leid meines Lebens in diesem einen Moment mit Freude und Glück aufwiegen. Dorothee und ich, wir hielten uns in den Armen! Wir hielten uns ganz fest!

Als Spätfolge einer schweren Malariaerkrankung hatte Dorothee eine Hirnschädigung erlitten, die dazu führte, dass sich ihre Gedanken hin und wieder verwirrten und sie Familie und Freunde nicht auseinanderhalten konnte. Doch als sie mich sah, da sprach ihr Herz: „Du bist meine kleine Schwester!"

Links neben mir blickten mich weise Augen liebevoll an. Dieses Gefühl kannte ich gut! Selbst ohne hinzusehen, wusste ich, dass dies der Blick meines Großvaters war. Happy hatte mich damals genauso angesehen. Als ich mich umdrehte, sah ich in Kokos gütiges Gesicht. Ich jubelte innerlich: Gott hatte mir noch einmal einen Großvater geschenkt!

Neun Schwestern (Jaja Giselle, Dorothee, Maguy, Nelly, Lilly, Giselle, Obine, Nicole und Mado), sieben Brüder (José, Didier, Julian, Mitterant, Nelson-Christian, Jean-Paul und Benjamin. Benjamin, der Jüngste, war gerade erst sechs Monate alt), zwei sehr liebe Mütter, unendlich viele Tanten und Onkel und sogar einen kleinen Neffen, eine Schwägerin, Cousins und Cousinen lernte ich aus meiner

Familie kennen. Und das waren längst nicht alle. Es gab auch noch eine liebevolle Großmutter, die Pauline hieß (meine deutsche Oma hieß Annette Pauline!). Dies war zwar nur ein Teil meiner Familie, für mich aber schon ein sehr beachtlicher!

Mein Vater sagte sehr feierlich in recht gutem Deutsch: „Stephani, das ist deine Familie! Hier bist du zu Hause!" Er strahlte vor Stolz!

Das war für mich ein unbeschreiblicher Augenblick, denn auf einmal gehörte ich zu einer Familie, die mich weder ablehnte noch misshandelte. Ich fühlte mich geborgen – so geborgen, wie ich es nur bei meinen Großeltern in Deutschland erlebt hatte. Ja, ich war zu Hause!

Mein Vater stellte mir nicht nur einen großen Teil meiner neuen Familienmitglieder vor, er übersetzte auch alles aus dem Lingala ins Deutsche und umgekehrt.

Nach einer wohltuenden Erfrischung fuhren wir zurück ins Hotel. Wieder allein, schlenderte ich per Elektrorollstuhl durch die imposante Hotelanlage, sah die Auslagen der großen Modedesigner an, aß eine frische Pizza am Pool und trank in der Bar ein Glas Champagner auf Gottes Wohl, dem wirklich nichts unmöglich zu sein schien! Ich war so glücklich und meine Seele fühlte sich so leicht und schwebend an wie nie zuvor.

Um meine Pflege musste ich mir hier keine Gedanken machen. Im Hotel half man mir bei allem, was ich nicht allein schaffte, und meine Familie war ja auch noch da.

Am Tag darauf wurde ich schon früh am Morgen von meinem Bruder Julian geweckt. Julian war zehn Jahre jünger als ich und mir vom Wesen her so ähnlich, dass ich es kaum glauben konnte. Er brachte mir Bananen und eine riesengroße Ananas mit. Die Frucht war so groß wie eine Wassermelone! Außerdem schenkte er mir eine wunderschöne Blüte, die er selbst ausgesucht hatte. Sie war aus hellblauer Seide, damit ich sie mit nach Deutschland nehmen konnte, ohne dass sie verwelken würde.

„Damit du mich nicht vergisst!", sagte er und strahlte übers ganze Gesicht! Ach, tat das gut, einen Bruder zu haben, der so lieb zu mir war!

Wir unterhielten uns lange auf Englisch. Ich nutzte die Gelegenheit, um zu erfragen, wie unser Vater mich so schnell hatte finden können.

„Oh", sagte Julian, „ein Kollege fragte mich, ob ich den Mann auf dem Foto kenne. Ich arbeite nämlich am Flughafen und unser Vater auch. Als ich das alte Foto genau ansah, erkannte ich Papa sofort. Mein Kollege sagte mir, dass meine Schwester aus Deutschland angekommen sei und dass sie ihren Vater suche. Das war vielleicht eine Überraschung! Ich ging sofort nach Hause und erzählte der Familie davon. Meine Mutter gab mir Didier als Begleitung mit und dann liefen wir beide zu unserem Vater, der im Tower arbeitete. Ich hab ihn einfach gefragt, ob wir eine Schwester in Deutschland haben, die Stephani heißt. ‚Du, Papa, die Stephani ist hier', sagte Didier. ‚Damit macht man keine Witze', schimpfte Papa. ‚Nein, sie ist wirklich hier! Sie wohnt im Hotel Inter-Continental und sucht ihren Vater.' Und dann sind wir alle drei gleich hierher gekommen."

Nach und nach füllte sich der Salon mit meiner Familie und deren Freunden. Wir unterhielten uns, aßen Bananen und Ananas. Schließlich fragte mich mein Vater, was ich mir denn am meisten wünschen würde. Was sollte ich mir denn jetzt noch wünschen? Ich hatte doch schon alles!

„Wie wäre es mit einem schönen afrikanischen Kleid? Du darfst nicht vergessen, dass du Afrikanerin bist! Würde dir das gefallen?" Ja, das gefiel mir sehr! „Also gut, dann gehen wir auf den Markt und kaufen dir einen schönen Stoff."

Wir kauften gleich drei herrlich bunte Stoffe, aus denen eine Schneiderin drei wunderschöne lange Kleider zauberte. Meine Geschwister machten mir eine typisch afrikanische Frisur. Sie flochten meine Haare direkt an der Kopfhaut. Das sah richtig lustig aus.

Anschließend ging es gleich weiter: Da waren Nachbarn, Freunde, weit entfernte Familienmitglieder, Arbeitskollegen meines Vaters und Bekannte, die begrüßt werden wollten. Nicht eine Minute Pause hatten wir.

Erst am späten Abend fuhren wir ins Hotel zurück. Auf der Rückfahrt saß ich neben Julian im Taxi, er hielt meine Hand und mir liefen vor Erschöpfung die Tränen übers Gesicht. Meine Beine waren stark angeschwollen, ich bekam schlecht Luft und mein Herz tat weh. Nach zwei Herzinfarkten war ich so großem Stress einfach nicht mehr gewachsen. Doch der Tag war noch lange nicht vorbei. Kaum waren wir wieder in meiner Suite, begann auch schon der nächste Ansturm. Alle wollten das neue Familienmitglied kennenlernen.

Da nahm ich meinen Vater beherzt beiseite: „Papa, das ist mir einfach zuviel. Das schaffe ich nicht. Ich möchte zuerst einmal dich, meine Geschwister, meine Mütter und meine Großeltern kennenlernen – und später, nach und nach, die andere Verwandtschaft. Entschuldige mich bitte, aber ich bin völlig erschöpft und muss mich dringend etwas ausruhen. Lass uns das bitte zukünftig so regeln: Von 13 bis 19 Uhr stehe ich der Familie zur Verfügung, ansonsten habe ich Schonzeit."

Mein Vater nickte verständnisvoll: „Mach dir keine Sorgen, ab morgen wird es besser."

Der vierte Tag war ein ruhiger Tag. Um 13 Uhr kamen Papa, seine Schwester mit ihrem Ehemann, Mama Anne-Marie mit meinem kleinen Brüderchen Benjamin, meine Schwester Maguy und mein Bruder Julian. Wir sahen die Fotos aus Deutschland an, die ich mitgebracht hatte, um ihnen etwas aus meinem Leben zu erzählen. Wir freuten uns aneinander und hatten eine Menge Spaß beim Singen deutscher und kongolesischer Lieder, in denen wir Gott lobten und dankten. Papa übersetzte die Texte, wahlweise ins Deutsche oder in Lingala. Wir klatschten im Takt und waren fröhlich. Es ist so schön, eine Familie zu haben!

Als Mama Anne-Marie bemerkte, dass meine Beine erneut angeschwollen waren, gab sie das Zeichen zum Aufbruch. Ich wurde geschont! Obgleich ich mich an diesem Tag wieder erheblich besser fühlte, war es doch gut, ein bisschen auszuruhen.

Am nächsten Tag machten wir einen Spaziergang am Ufer des Kongo. Der Fluss zu unserer Linken lag ruhig im Sonnenlicht. Wir schlenderten an den wunderschön bepflanzten Botschaftsgärten vorbei. Ich machte ein paar Erinnerungsfotos – und schon war es aus mit der Idylle! Aus dem Nichts stand plötzlich ein Mann vor uns, das Maschinengewehr im Anschlag.

Ich schloss die Augen und betete: „O Herr, vergib mir meine Schuld und nimm mich gnädig auf!"

Da spürte ich die Hand meines Vaters auf meiner Schulter. Ich sah ihn angsterfüllt an. „Hab keine Angst, Stephi; das regele ich schon!" Das Gewehr des zivilen Militärpostens zielte immer noch auf mich. Da stellte sich mein Vater genau in die Schusslinie. Mir blieb das Herz stehen! Nun ging er ganz langsam auf den Soldaten zu. Sie wechselten ein paar Worte. Als mein Vater dann allein zurückkehrte, war ich zutiefst erleichtert!

„Warum wollte mich der Mann erschießen?"

„Du hast den Fluss fotografiert, und das ist verboten. Stephani, wir leben hier im Krieg! Flughäfen, Bahnhöfe, Kasernen und Grenzen – und dazu gehört auch der Kongo – die darfst du nicht fotografieren. Das ist strengstens verboten!"

Ich war sehr betroffen, so etwas hätte ich nie vermutet! Gott sei Dank, hatte ich noch keine Erfahrungen mit dem Krieg gemacht.

Mein Vater erklärte weiter: „Der Soldat wollte deinen Fotoapparat konfiszieren. Aber ich habe ihm erklärt, dass dies dein erster Besuch bei deiner Familie ist und dass es sich bei den Bildern um reine Familienfotos handelt. Dann habe ich ihm noch etwas Geld zugesteckt und nun ist er zufrieden." Ich atmete auf!

Hinter der nächsten Kurve stand schon wieder ein Soldat, der mit grimmigem Gesicht sein Gewehr auf uns richtete. Ich zuckte zusammen! Doch dieses Mal ging mein Vater mit ausgestreckten Armen und einem freudigen Lachen auf den Soldaten zu. Nach einer herzlichen Umarmung stellte er mir seinen Freund vor.

Das war genug Aufregung für einen Tag! Wir gingen ins Hotel zurück und genossen den schönen Abend. Dankbar und erleichtert darüber, noch zu leben, fielen mir im Bett die Augen zu.

Ich lernte täglich neue Menschen kennen. Alle waren sie lieb, höflich und sehr zuvorkommend. Was für eine wundervolle Familie hatte Gott mir geschenkt! Doch *einen* hatte ich noch immer nicht kennengelernt: meinen Bruder José. Heute würde er seine Arbeit in Brazzaville unterbrechen und extra meinetwegen nach Hause kommen. Ich war schon sehr gespannt und konnte es kaum erwarten, ihn zu sehen!

Am nächsten Morgen war es dann so weit: Julian stellte mir José vor. Es war einfach herrlich! Es war, als würde meine Seele mit jedem weiteren Familienmitglied erst so richtig vollständig werden. Ich hatte meinen Bruder vom ersten Moment an lieb!

Nachmittags kam noch mehr Besuch: Papas kleine Schwester Pauline, meine Schwester Maguy und meine große Adoptivschwester Jaja-Giselle mit ihrem kleinen Sohn (Jaja bedeutet große Schwester). Alle machten wir uns per Taxi auf den Weg zu Koko, unserem Großvater. Auf der Fahrt lernte ich meine ersten Worte auf Lingala: „Mbote, nabi no banso! – Hallo, alle zusammen!"

Koko strahlte mich offen an. Diese Freude meines Großvaters machte mich sehr glücklich und stolz! Im Hof meiner Großeltern erwarteten mich schon etliche Familienmitglieder, und im Laufe des Nachmittags wurden es noch viel, viel mehr. Mein Vater lachte und sagte: „Du hast jetzt eine Familie!"

Ein Bruder meines Vaters, der Richter war, vollzog eine traditionelle Begrüßung an mir: Er hielt einen Metallreif aus Kupfer hoch in die Luft, sein Gesicht wurde ernst und verfinsterte sich, dann „schimpfte" er los, holte tief Luft und begann erneut. Nach einigen Minuten legte er mir den Reif in die Hand. Dieser Kupferreif war so schwer, dass ich ihn wegen der Lähmungen in den Händen kaum hochheben konnte, und so hielt mein Vater ihn an meiner Stelle. Noch zweimal vollzog er dieses Ritual. Als alles überstanden war, streckte mein Onkel seine Arme aus und drückte mich anerkennend. Sein ernster, böser Blick war nun verschwunden und er lachte mich herzlich an.

Ich erfuhr, dass die schweren kupfernen Armreifen Wohlstand symbolisieren. Sie waren die Währung des Landes, als es in der Blütezeit der Kupferschmieden noch kein Geld in Form von Münzen und Scheinen gab. Durch diese Zeremonie fühlte ich mich sehr geehrt. Sie ist typisch für den Stamm Mongo, zu dem ich gehöre.

Papa reichte Erfrischungsgetränke und wir aßen Bananen, Mangos und Erdnüsse. Doch bevor wir mit dem Essen begannen, erzählte mein Vater den Ältesten der Familie meine Geschichte: wer ich war, woher ich kam und warum ich mich auf den weiten Weg gemacht hatte, um meinen Vater zu finden. Anschließend sprachen Papa und ich ein Dankgebet.

Nach dem Essen tanzten wir. Sogar ich im Rolli. Mit einem Mal kamen meine Tanten, Onkel, Schwestern und Cousinen und legten mir Geldscheine auf die Stirn. Ich war ziemlich überrascht, aber Papa erklärte mir, dass das eine Anerkennung für die Tänzer des traditionellen afrikanischen Tanzes sei.

Lustig und beschwingt ging dieser schöne Nachmittag zu Ende. Bevor wir uns wieder auf den Weg ins Hotel machten, lud mich mein Großvater herzlich ein, doch recht bald wiederzukommen. Er strahlte mich an und ich konnte ihn nur in den Arm nehmen und Gott bitten, diesen Wunsch wahr werden zu lassen! – So viele Geschenke hatte ich bekommen. Sie werden mich immer an meine Familie und an dieses wunderschöne Fest erinnern.

An diesem Abend veranstalteten meine Schwestern Maguy und Jaja-Giselle noch eine kleine „Modenschau" mit mir, denn die Schneiderin hatte meine neuen Kleider fertiggestellt. Wir suchten für den kommenden Tag ein ganz besonders hübsches Kleid für mich aus, denn an diesem Sonntag wollten wir gemeinsam zur Messe gehen.

Die Sonne strahlte vom Himmel, als wir in unseren schönsten Kleidern zur Kirche „Sacré Cœur" spazierten: Papa, Tante Pauline, Koko Pauline, Julian, Obine, Maguy, meine Cousine Eve und ich.

Der Gottesdienst tat mir richtig gut. Ich konnte den Priester zwar nicht verstehen, aber dennoch war es ein schönes Gefühl, mit meiner Familie im Haus unseres Gottes zu sein.

Nachmittags besuchten wir Papas Bruder, Papa Domenique, seine Frau Mama Marie und meine Cousinen und Cousins. Ich wurde auch hier sehr liebevoll aufgenommen und herzlich beschenkt. Als wir wieder zurückfuhren, war es längst dunkel. Auf den Bürgersteigen hatte wie üblich der Straßenmarkt begonnen. An den kleinen, mit Laternen beleuchteten Ständen kaufte Papa noch etwas Obst für mich, denn die Mahlzeiten im Hotel überstiegen bei weitem meine finanziellen Möglichkeiten.

In den folgenden Nächten schlief ich unruhig. Mir war sehr unwohl bei dem Gedanken, dass diese schöne Zeit mit meiner Familie schon bald vorüber sein würde. Wie gern hätte ich meinen Flug umgebucht! Ich hatte es bereits versucht, aber so kurzfristig ging das nicht. Hinzu kam, dass ich aus Sicherheitsgründen bereits vor meiner Abreise das Taschengeld für Israel mit noch ein paar anderen Gepäckstücken zu meiner Freundin Ann-Kathrin nach Süddeutschland geschickt hatte. Bei ihr war ein viertägiger Zwischenstopp geplant, damit die vorgeschriebene Quarantäne zwischen beiden Reisen nicht nötig sein würde. Dass ich so schnell nicht an dieses Geld kommen konnte, war zwar bedauerlich, aber nicht zu ändern. Mit so viel Glück hatte ich einfach nicht gerechnet!

Der 10. Oktober 1995 war der Tag meiner Abreise. Ich hatte meine Koffer bereits gepackt, als mein Vater kam. Er setzte sich an den Schreibtisch im Salon und schrieb einen Brief an meine Mutter, den er mir mitgab. Ich sah ihm mit gemischten Gefühlen zu, denn mir war klar: Meine Mutter würde diesen Brief gewiss nicht mit auch nur halb so liebevollen Gedanken lesen, wie er von ihm geschrieben wurde. Doch mein Vater vertraute darauf, dass Gott auch das Herz meiner Mutter wieder mit Liebe erfüllen konnte. Ja, warum eigentlich nicht! Erlebten wir nicht gerade in diesem Moment Gottes Macht, seine Güte und seine große Liebe? Mit anderen Worten: ein riesengroßes Wunder! Wie sollte es ihm da unmöglich sein, auch das Herz meiner Mutter zu erreichen?

Dann kamen meine Geschwister, Cousins und Cousinen. Mein Vater ließ uns allein und machte sich schon auf den

Weg zum Flughafen. Die Fragen nach meinem Leben in Deutschland, meiner Kindheit, meinem Studium und meinen Träumen verlangten nach Antworten. Wir unterhielten uns auf Englisch, Französisch und Lingala und doch war es, als sprächen wir nur eine einzige Sprache, denn unsere Seelen waren eins. Immer öfter kam es nun vor, dass eine Übersetzung vom Lingala oder Französischen ins Englische oder umgekehrt gar nicht nötig war. Wir verstanden uns auch so.

Der Page kam schon zum zweiten Mal, um mich an den Shuttlebus zum Flughafen zu erinnern, aber wir wollten uns noch nicht trennen!

Schließlich verabschiedeten wir uns unter Tränen. Mein Bruder Didier begleitete mich im Bus. Er hielt die ganze Fahrt über meine Hand und fragte dann: „Stephi, warum bleibst du nicht hier? Wir haben dich doch alle so lieb!"

Ich wäre so gern geblieben; aber da war doch noch meine Oma. Und woher sollte ich hier im Land meine Medikamente bekommen? Was wäre, wenn mein Elektrorollstuhl eine ernsthafte Panne hätte? Mir blieb nichts anderes übrig, als zurück nach Deutschland zu fliegen.

Auf dem Flughafen wartete bereits ein großer Teil der Familie. Mir wurde immer schwerer ums Herz! Nach der Gepäckabfertigung mussten wir uns trennen, eine letzte Umarmung. Dann nahm Julian meinen Rolli und dirigierte mich in den Warteraum. Ich hielt die Hand meines Vaters ganz fest, denn ich dachte, dass dies jetzt der Abschied sei. Doch Papa sagte beruhigend: „Keine Angst, Stephani, ich komme noch ein Stück mit." Der Rest der Familie blieb in der Flughafenhalle zurück.

Dann erwartete mich doch noch eine große Überraschung: Papa, Julian, Jaja-Giselle, Mama Anne-Marie, mein kleines Brüderchen Benjamin und meine Tante Pauline saßen im Gatebereich und erwarteten mich. Dankbar hielten wir uns an den Händen und wünschten uns, dass noch etwas Zeit bliebe, bevor ich hinaus aufs Rollfeld musste. Ich konnte gar nicht mehr aufhören zu weinen!

„Courage, Stephi, Courage!", sagte mein Vater. Ich bemühte mich wirklich, aber es war so schwer!

Schließlich brachten mein Vater und Julian mich aufs Rollfeld. Die anderen blieben zurück. Dort draußen wurde der Rollstuhl gewechselt – und schon stand ich auf dem Hubwagen, der mich langsam, und doch viel zu schnell, zum Flugzeug hochheben sollte. Mein Vater küsste mich noch einmal auf die Wangen.

„Du kommst doch wieder?"

„Ja! Ja! Ich komme wieder und ich werde euch alle nie vergessen. Ich hab dich lieb, Papa!"

„Ich hab dich auch lieb, meine Tochter!"

Der Traum von meiner eigenen Familie – von meinem Vater und vielen Geschwistern, die an meinem Leben wirklich interessiert sind – hat sich leider nur bedingt erfüllt. Rückblickend muss ich sagen, dass meine afrikanische Familie mich vielmehr als eine Art „Bank" betrachtet und weniger als Tochter oder Schwester. Mein Bruder drückte es sehr treffend aus, als er sagte: „Stephi, you are big money from Germany."

Ich hätte so gern gewusst, wie es in der Schule geht, ob meine Schwestern gerade verliebt sind, ob sie heiraten, was sie gern hatten … Aber leider gingen sie nicht darauf ein. Alles, was sie interessierte, war mein Geld.

Diese Erwartungshaltung hatte anfangs auch mein Vater. „In Deutschland liegt das Geld auf der Straße", sagte er. Nun, auf *meiner* Straße liegt es nicht! Ich muss hart für mein Geld arbeiten. Und dann gebe ich doch das meiste für meine notwendige Pflege und Assistenz aus. Die Krankenkasse kann die Pflegekosten leider nicht vollständig tragen. Sie hilft mir schon sehr, und dafür bin ich dankbar, aber auch ich muss noch eine Menge dazu beisteuern, dass mein Leben trotz Behinderung gelingt. – So ganz nebenbei soll ich auch noch eine Großfamilie finanzieren? Das ist schlichtweg unmöglich! Ich tue gern, was ich kann, und schicke Geld, Pakete und täglich auch liebevolle Gebete. Doch ich wünschte mir so sehr, dass meine Familie auch einmal etwas für mich tun würde, und wenn es nur ein paar Fotos oder ein lieber Brief wären. Aber selbst solch bescheidene Wünsche wurden kaum erfüllt.

Als meine geliebte große Schwester Dorothee im Februar 2005 verhungerte (obgleich ich Geld geschickt und gebetet hatte), wurde mir bewusst, in welch unterschiedlichen politischen und wirtschaftlichen Verhältnissen wir leben. Hier in Deutschland herrscht Frieden. Ich muss weder Angst haben zu verhungern, noch bedrohen hier Bomben mein Leben. Das kann man einfach nicht vergleichen. Und ich dachte: Vielleicht wäre mir, wenn ich dort leben müsste, das Geld auch wichtiger als irgendwelche Sentimentalitäten. Daher versuche ich, so viel zu helfen, wie ich nur kann, denn ich liebe meine Familie von ganzem Herzen!

Ein Land voller Wunder

Das eine Wunder war kaum vorbei, da fing auch schon das nächste an: Mein zweiter großer Traum sollte sich erfüllen: Israel!

Wieder stand ich am Flughafen. Die Sicherheitskontrollen waren sehr streng und auf dem Rollfeld drehte sogar ein schussbereiter Panzer seine Runden um die israelische Passagiermaschine.

„Machen Sie sich keine Sorgen!", sagte die Stewardess freundlich. „Das dient alles nur Ihrer Sicherheit." Ich wirkte wohl etwas verängstigt. Na ja, es war schon ein komisches Gefühl, von einem Kriegsgebiet ins nächste zu fliegen.

Neben mir saßen freundliche Menschen, die mir begeistert von ihren Israelreisen berichteten, und so verflog meine Angst schnell. Freudige Erwartung trat an ihre Stelle. Vier Wochen hatte ich nun Zeit, mir Israel anzuschauen!

Gleich nach der Landung wurde mir mitgeteilt, dass es ein Problem mit meiner Hotelreservierung gegeben habe und man mir deshalb ein anderes Hotel zuweisen müsse. Außerdem sei ein Teil meines Gepäcks noch immer unterwegs. Ich nahm es gelassen. Mich störte jetzt gar nichts mehr. Ich war in Israel! Ich war tatsächlich in Israel, mehr war nicht wichtig. So nahe hatte ich mich Gott noch nie gefühlt!

Mit einem Shuttlebus ging es von Tel Aviv quer durchs Land bis zum Toten Meer. Das Ausweichhotel hatte leider kein rollstuhlgerechtes Zimmer für mich. Doch nach etlichem Möbelrücken kam ich einigermaßen zurecht. Leider hatte mein Zimmer auch keinen Balkon und wenn ich aus dem Fenster sah, schaute ich direkt auf eine Hauswand.

Den Pool durfte ich nicht benutzen, weil sich die anderen Gäste durch meinen Rollstuhl gestört fühlen könnten, so der Hotelmanager. Das Verhalten der Hoteldirektion war sehr verletzend und entwürdigend! Es machte mich sehr traurig, denn sogar beim Essen wollte man mich separieren. Das konnte dann aber doch noch vermieden werden.

Ich bedauerte diese Schwierigkeiten zwar, aber es war mir in diesem Moment nicht wirklich wichtig. Ich war hier, weil ich mir wünschte, dass die Bibel im Heiligen Land für mich ein Stück lebendiger werden würde. Ich wollte mich an diesem wunderschönen Land und seinen Menschen erfreuen – dazu benötigte ich weder einen Balkon noch eine tolle Aussicht oder einen gut temperierten Pool.

Was ich jedoch brauchte, war eine freundliche Pflegekraft, die nicht zu teuer sein sollte. Sie fand sich schnell. Ansonsten bedurfte es nur einer aufgeladenen Batterie – viel Zeit zum „Spazierengehen" hatte ich sowieso. Schließlich war ich hier im Urlaub!

Ich lernte nette Menschen kennen und wir hatten eine Menge Spaß! Sie überredeten sogar den Hotelmanager dazu, dass ich an einem Abend, als längst alle Gäste in ihren Zimmern waren, im Pool schwimmen durfte. Schade war nur, dass es schon so dunkel war (weil ich im Dunkeln doch nichts sehe!) und dass meine neuen Bekannten nicht mit mir schwimmen durften. So wollte die Hotelleitung sicherstellen, dass sie auf keinen Fall mit Regressansprüchen konfrontiert werden würde … Es war trotzdem ein herrliches Gefühl, endlich wieder einmal schwimmen zu können! Dennoch – eine Diskriminierung dieser Art hatte ich noch nicht erlebt. Nie hätte ich gedacht, dass mir so etwas widerfahren würde – schon gar nicht in Israel! Doch wichtiger als diese Umstände war es, überhaupt hier zu sein – im Land Gottes.

Ich machte zwei Tagesfahrten durch das Land, auf denen mich je eine Israelin begleitete: Die erste Fahrt führte mich vom Toten Meer an der Wüste von Judäa, den Höhlen Qumrans und beweideten Hügeln vorbei bis nach Jerusalem und zum Ölberg. Achmed, unser Taxifahrer, hielt vor einer mit Graffiti besprühten Sandsteinmauer.

„Hier soll der Garten Gethsemane sein?"

„Ja, Stephi, du wirst begeistert sein!"

Ich hatte schon so viel Unglaubliches erlebt – warum sollte sich hinter dieser Mauer nicht ein kleines Paradies verbergen? Nach einer Weile wurde das Tor geöffnet und wir betraten das wunderschönste Gärtel, das ich je gesehen hatte: ein kleiner Garten mit herrlichen alten Ölbäumen. Hier hatte Jesus gesessen! Unter einem solchen Baum hatte er gebetet, gewacht; hier hatten ihn die Wachen abgeholt, um nach Gottes Plan unsere Erlösung zu erwirken.

Ich hielt mich am niedrigen Geländer fest und bückte mich. Ich wollte diesen herrlichen Garten doch so gerne berühren. Zwischen meinen Fingern spürte ich etwas und zupfte es ganz vorsichtig ab. Es war ein kleiner Thymianzweig. Ob hier schon damals Thymian wuchs? Dann hat Jesus gewiss auch ab und zu so einen kleinen Zweig zwischen seinen Fingern gerieben und sich an dessen Duft erfreut. Am liebsten wäre ich den ganzen Tag hier geblieben, so schön war es, aber Deborah, meine Begleitung, wollte mir doch *ihr* Israel zeigen, oder zumindest einen Teil davon. So fuhren wir den Ölberg hinunter und begaben uns in die „Heilige Stadt".

In Jerusalem wurden wir sogleich von König David „ganz persönlich" begrüßt! Er trug ein langes blaues Gewand und spielte auf einer Harfe. Dann stand ich vor der Klagemauer. Ich legte meine Schuhe ab und bedeckte mein Haar. Den kleinen Zettel mit meinem Gebet steckte ich nun in eine der Steinritzen. Als ich die Klagemauer berührte, war es, als sei sie der Saum des Gewandes meines Gottes. Heilig! Dieses Wort hatte nie zuvor eine so starke und intensive Bedeutung für mich.

Eine alte Dame wickelte mir einen kleinen roten Faden um den Finger und wünschte mir Gesundheit. Das freute mich sehr! Ich gab ihr etwas Geld und bedankte mich. Diesen kleinen roten Faden habe ich heute noch und hüte ihn wie einen kostbaren Schatz.

Deborah erklärte mir, die alte Dame würde jedes noch so kleine Gebetszettelchen, das aus den Ritzen herausfällt, aufsammeln und in die Erde legen. „So geht es nicht verloren und wird nicht unachtsam mit Füßen getreten, denn jedes Gebet ist wertvoll vor dem Herrn!"

Von der Klagemauer gingen wir weiter zum Bazar: Diesen Weg war Jesus gegangen, hier hatte er mit vielen Menschen gesprochen, auf diesen Steinen hatte er sein Kreuz getragen. Trotz des geschäftigen Getümmels um mich herum wünschte ich mir nur eins, diesen geheiligten Boden mit meinen eigenen Händen zu berühren. Da mir der akustische und zum größten Teil auch der optische Eindruck fehlen, ist es für mich umso notwendiger, die Dinge zu berühren, die mir wichtig sind. So zog ich meine Bremsen an, stützte mich mit der einen Hand an einer Hauswand ab, damit ich nicht aus dem Rollstuhl fallen würde. Dann bückte ich mich so weit nach vorn, bis ich mit meiner Hand den Weg berühren konnte, auf dem Jesus gegangen war. Es war mir, als fühlte ich alles Leid und alle Freude, die er hier erlebt hatte.

Den Tempelberg hätte ich auch gern besucht, aber leider konnte man wegen der Unruhen nicht dorthin. Ich hätte so gern ganz Jerusalem kennengelernt, aber die Stadt ist ja voller Stufen und Absätze, also nicht gerade rollstuhlgerecht. Dennoch habe ich mich sehr darüber gefreut, wenigstens diesen Teil der Heiligen Stadt sehen zu können!

Nun brachte uns Achmed nach Bethlehem: Am Ortseingang lag Rahels Grab, von dem Deborah mir berichtet hatte. Hier beteten jüdische und muslimische Frauen gleichermaßen für einen leichten Geburtsverlauf oder darum, doch noch schwanger zu werden. Ich wäre sehr gern hineingegangen, aber leider war der Eingang dieser kleinen Kapelle durch Betonwände so verengt, dass ich unmöglich mit dem Rollstuhl daran vorbeikommen konnte. Wie schade! Hier hätte ich gern für meinen kleinen Sohn Tobias gebetet und auch für meinen Kinderwunsch. Aber Gott hörte mein Gebet sicher auch vor der Tür.

Anschließend fuhren wir zur Geburtskirche. Ich zog meine Schuhe aus und bedeckte meinen Kopf. An diesem Tag trug ich mein allerschönstes Kleid. Es war bodenlang und weit, mit kurzen Ärmeln. Auf dunkelblauem Grund waren leuchtend gelb-rote Pfauen abgebildet. Den Stoff dafür hatte mein Vater in Kinshasa persönlich für mich ausgesucht. Und so war in Gedanken meine ganze Familie bei mir, als ich dort in der Geburtskirche eine Kerze anzündete und für sie alle betete.

Die zweite Fahrt führte mich nach Nazareth: Diesmal begleitete mich Sarah, und Achmed fuhr die Stretchlimousine.

Die Verkündigungskirche in Nazareth ist eine wunderschöne, prachtvolle Sandsteinkathedrale! In ihrem Innenhof hängen herrliche Marienabbildungen aus allen Ländern der Erde. So etwas Beeindruckendes hatte ich noch nie gesehen! Die Hand, in der ich mein Monokular hielt, bebte förmlich vor Ergriffenheit. Ein Kunstwerk war schöner als das andere!

Die deutsche Maria hat sogar zwei Kinder: Sie steht hinten und legt ihrem kleinen Sohn links und ihrem Töchterchen rechts die Hände auf die Schultern. Beide Kinder sind durch eine Mauer voneinander getrennt und doch verbindet sie die Liebe ihrer Mutter.

Als wir das Innere der Kirche betraten, war es für meine Augen schwer, sich in dem gedämpften Licht zurechtzufinden. Sarah schob meinen Rollstuhl vorsichtig vorwärts. Es dauerte eine Weile, bis ich die Höhle erkannte, die umgeben von einem Geländer unter mir lag. Hier soll die Stelle sein, wo der Engel Maria die Geburt Jesu angekündigt hat.

„So, jetzt musst du beten!", befahl Achmed: „Hier beten alle Christen. Das ist das Haus, in dem Maria, Josef und Jesus gelebt haben."

Beten? Ich war so überwältigt! Beten? Ich faltete meine Hände, aber mir fehlten die Worte. Gott hatte in diesen wenigen Wochen so viel Wunderbares an mir getan! Wie bedankt man sich dafür?

„Herr, du hast in dieser kurzen Zeit das Leid meines Lebens mit so viel Schönem aufgewogen: mein Vater, meine Familie, dieses herrliche Land. Herr, dies alles ist zu viel für mich; es ist viel zu wunderbar, als dass ich alles auf einmal ertragen könnte. Beten soll ich – aber wie, Herr? Ich stehe hier vor deinem Haus, in deinem Land. Ausgerechnet ich! Ich danke dir, mein Gott. Ich habe dich so lieb! Vielen Dank!"

Vorbei an herrlichen Obstbäumen ging unsere Fahrt weiter durch Tiberias zum See Genezareth. Hier wäre ich gern mit dem Boot gefahren und hätte meine Hände und Füße in den See getaucht. Doch dafür war leider keine Zeit, denn wir mussten am Abend wieder im Hotel sein und Sarah wollte mir noch einiges zeigen.

An der Taufstelle Jesu hielten wir kurz an, aber auch dort reichte die Zeit nicht, um auszusteigen. Da bat ich eine vorübergehende Frau, etwas Wasser aus dem Jordan in meine Trinkflasche zu füllen. Ich benetzte meine Hände mit dem Taufwasser. So spürte ich das Wasser, in dem Jesus getauft worden war, und dachte dabei dankbar an meine eigene Taufe zurück. Wir fuhren durch Kanaan, machten Rast in Jericho und tranken am späten Abend noch einen Tee im Kibbuz En Gedi.

Als ich in dieser Nacht in meinem Bett lag, da war ich so voll, voll von all den Wundern, die Gott mich erleben ließ, dass ich unmöglich schlafen konnte!

Auf diese Reise hatte ich ein ziemlich sperriges Gepäckstück mitgebracht: einen Parawalker und zwei Vierpunkt-Spezialstützen mit Handriemen. Der Parawalker ist ein Schienensystem, das von den Füßen bis unter die Arme reicht und den Körper fest und steif umschließt. Mittels Seilzug, der bei Gewichtsverlagerung aktiviert wird, soll es möglich sein, damit zu laufen, da bei einer rechtsseitigen Gewichtsverlagerung das linke Bein nach vorne schnellt und umgekehrt.

Der Amtsarzt hatte mir dieses Gehgestell ein paar Monate vor meiner Reise verschrieben: „Ich kann gar nicht mit ansehen, wie eine so aktive junge Frau wie Sie immer nur im Rollstuhl sitzen soll", sagte er. „Haben Sie schon etwas von dem neuen Parawalker gehört?" – Gott stellt mir immer wieder so wunderbare Menschen in den Weg!

In Deutschland fanden sich aber leider keine Krankengymnasten, die bereit waren, mit mir zu üben. Sie befürchteten, dass die Anstrengungen für mein geschwächtes Herz zu groß sein könnten. Aber nun waren die Schienen da – ich wollte sie doch nicht einfach in die Ecke stellen. Also nahm ich die Schienen mit nach Israel. Wenn ich hier nicht laufen lernen würde, wo sonst? Es mag naiv klingen, aber ich glaubte ganz fest an ein Wunder! Das ganze Land war doch beseelt von Gottes Gegenwart; wie sollte ich es da verlassen, ohne wieder laufen zu können?

Dennoch gab es da einige Hürden aus dem Weg zu räumen: Ich brauchte eine Krankengymnastin … wie sollte ich die bezahlen? Um die zwei großen Fahrten durch das Land machen zu können, musste ich sogar am Essen und Trinken sparen. Doch Gott wusste von meiner Misere und stellte mir Olga in den Weg. Sie war schon viele Male in Israel gewesen und kannte hier einfach jeden. Einer ihrer Bekannten war Professor Kedar, der in einer nahe gelegenen Reha-Klinik arbeitete. Ihm stellte sie mich vor.

Professor Kedar war gern bereit, mit mir zu arbeiten, auch wenn ich nicht in der Lage war, ihm auch nur annähernd ein angemessenes Honorar zu bezahlen. Stattdessen vereinbarten wir Folgendes: „Wenn Sie auf Ihren eigenen Beinen durch den Haupteingang gehen können", sagte er, „dann kostet Sie meine Behandlung nichts!" Ich stimmte freudig zu.

Nun kam ich jeden Morgen mit einem Shuttlebus von

meinem Hotel zur Reha-Klinik und wir trainierten fleißig und ausdauernd. Hier durfte ich sogar schwimmen! Wir arbeiteten im Süß- und Salzwasserbecken an meiner Haltung und an meinem Gleichgewicht. An den Gewichten kräftigten wir meine Muskeln, auf der Matte versuchte ich, möglichst frei zu sitzen – und all das, ohne mein Herz zu überfordern. Wir hatten beide den allergrößten Ehrgeiz und sehr viel Spaß!

Das Hotel, das oberhalb der Klinik lag, war jenes, welches ich ursprünglich gebucht hatte. Deshalb bemühte ich mich nun mit Nachdruck um eine Umbuchung. In den letzten zehn Tagen wurde dann ein rollstuhlgerechtes Zimmer über der Reha-Einrichtung frei und ich konnte umziehen. Das erleichterte das Training sehr, denn jetzt konnten wir beginnen, täglich mit den Schienen zu arbeiten.

Meine ersten Gehversuche waren schrecklich! Ich hatte starke Schmerzen im Rücken, in den Armen und Händen. Mein Kreislauf schlug Purzelbäume. Ich fühlte mich ständig einer Ohnmacht nahe und hatte so große Angst vor dem Umfallen, dass mir allein davon schon ganz übel wurde. Aber das war wohl ganz normal, schließlich war ich schon dreizehn Jahre lang nicht mehr gelaufen!

Ich gab nicht auf! Täglich schleppte ich mich zwei Stunden lang mit den Schienen durch die Klinik. Professor Kedar, einer seiner Ärzte oder andere Bekannte waren immer an meiner Seite, um mich zu unterstützen und mir Mut zu machen. Sie freuten sich mit mir über jeden noch so kleinen Fortschritt: „Gestern haben Sie noch die Schultern bis zu den Ohren hoch gezogen, aber heute sieht das schon viel besser aus. Machen Sie weiter so!" Diese Aufmunterungen taten so gut!

Als ich eines Abends auf der Tanzfläche des Hotels „meinen Rolli schwang", da erstarrten mit einem Mal die Menschen um mich herum. Alle wirkten zutiefst erschüttert!

„Was ist geschehen?", fragte ich.

„Itzak Rabin wurde erschossen!"

„Aber das ist doch unmöglich!"

Ich wünsche diesem herrlichen Land und seinen Bewohnern von ganzem Herzen Frieden! Dieses Land, in dem Wüste und Wald, in dem süßes und salziges Wasser nebeneinander und miteinander existieren, in dem Juden, Christen und Muslime leben, dieses Land, in dem Gott selber wohnt – wie kann es ein Ort des Krieges sein? Gott hat doch jeden von uns erschaffen, erdacht, noch bevor wir waren. Ich wünschte, ich könnte es in die Herzen der Menschen schreiben: „Gott liebt euch doch! Haltet Frieden untereinander!"

Die Friedenspolitik Israels erlitt durch den Tod Itzak Rabins einen schweren Rückschlag. Doch Gott hat mich gelehrt, dass es immer Hoffnung gibt. Wenn es Gott möglich ist, mir nach 13 Jahren das Laufen zu ermöglichen, dann traue ich ihm auch zu, die Herzen der Menschen zum Frieden zu bewegen!

Trotz des Schocks trainierten wir weiter. Wenn ich mich anfangs alle zwei Meter an eine Wand lehnen musste, so ging es doch täglich besser voran. Ich trainierte so hart, dass ich nach einer Woche mit Hilfe der Schienen sogar schon ohne Krücken allein stehen und an einer Hand gehen konnte. Das regelmäßige, individuell auf mich abgestimmte Training mit Professor Kedar sorgte dafür, dass es seitdem keine Erschöpfungszustände mehr bei mir gab. Ich wurde von Tag zu Tag fitter und vitaler. Es schien, als erholte sich mein Herz mit jeder Trainingseinheit mehr. Ich war wieder in der Lage, Sport zu treiben, belastbar und voller Lebensenergie.

Meinen Rollstuhl bin ich zwar nicht losgeworden, aber mit Hilfe meiner Schienen ist es mir nun möglich, ein bis zwei Stunden am Tag zu laufen. Für mich ist das ein Wunder, ein Traum, der Wirklichkeit wurde: Ich kann wieder laufen!

Desiera tritt in mein Leben

Kurz nachdem ich aus Israel zurückgekommen war, blinkte meine Türklingel. Draußen stand meine Nachbarin mit ihrem Baby auf dem Arm. Ich wusste, dass sie Liana hieß. Die junge Asiatin war während der Schwangerschaft von ihrem Mann so schrecklich misshandelt worden, dass sie einen Wirbelbruch erlitten hatte und nun im Rollstuhl sitzt. Das Leben in einem fremden Land mit einer fremden Sprache, fern von ihrer Familie, ganz allein mit einem Baby (der Mann wurde nach der Tat in sein Heimatland abgeschoben) war sehr schwer für sie.

Wir beide waren uns vom ersten Moment an sympathisch und versuchten, einander zu helfen. Drei Jahre lang kümmerten wir uns gemeinsam um die kleine Desiera. Zwei Frauen im Rollstuhl, eine davon taubblind: Was für eine Herausforderung!

Desi die Flasche zu geben, sie zu wickeln und zu baden, das war alles kein Problem. Aber wie sollten wir sie nur in diesen Laufstall kriegen und wie wieder heraus, ohne dabei selbst hineinzufallen?

„Was zu tief ist, muss man erhöhen", meinte ich. „Also her mit einer Matratze. Wir legen sie einfach dort hinein, dann wird es schon gehen." Und das war die Lösung. Wie für die meisten Probleme galt: nicht daran verzweifeln, sondern einen Ausweg suchen!

Desiera gedieh prächtig! Mit jedem Tag wurde sie ein bisschen schwerer, aber auch wir wurden kräftiger und geschickter. Desi wuchs mehrsprachig auf. Liana sprach mit ihr in ihrer Muttersprache, ich sprach mit ihr Deutsch. Die Kinderlieder sangen wir in der Gebärdensprache. Desi ist ein fröhliches und ausgelassenes kleines Mädchen, unsere ganze Freude!

Und wenn wir dann doch einmal an unsere Grenzen stießen, so halfen Lianas deutsche Pflegeeltern, unsere Freunde und unsere Gemeinde. Das Jugendamt schickte zweimal in der Woche eine Kinderbetreuerin, die mit Desi schaukeln und rutschen ging. Wir mit unseren Elektrorollstühlen konnten ja nicht auf den Spielplatz, denn da wären wir im feinen Sand stecken geblieben. Aber unserem kleinen Mädchen sollte es an nichts fehlen und wir freuten uns über dieses Angebot.

Dann war der große Tag da: Desiera kam in den Kindergarten. Ach, was waren wir aufgeregt! Ob sie das auch schaffen wird? Was ist, wenn sie weint und wieder nach Hause möchte? Hat sie auch alles? Wie können sich zwei erwachsene Frauen nur so verrückt machen?

Desi hüpfte vor Freude um uns herum und drängelte: „Können wir jetzt endlich losgehen?"

Der Kindergarten war leider nicht rollstuhlgerecht, deshalb mussten wir draußen warten. Als die Erzieherin kam, um Desi zu empfangen, war sie erst etwas verwirrt, denn da saßen gleich zwei farbige Frauen in ihren Elektrorollstühlen.

„Desiera, wer ist denn jetzt deine Mama?", fragte sie.

Desi stand zwischen Liana und mir. Sie stellte sich breitbeinig hin, die Fäuste in die Hüften gestemmt, und verkündete: „Desi hat zweimal Mama. Einmal Mama Liana und einmal Mama Stephi!" Ob diese kleine Maus jemals ermessen kann, wie glücklich sie mich damit machte?

Mein Weg geht weiter

Ohne dich

Meine Oma und ich sprachen oft über Gott und den Glauben. Dabei wurde mir deutlich, dass sie nur einen Gott der Furcht kannte. Sie hatte regelrecht Angst vor Gott. Allein deshalb bemühte sie sich, seine Gebote zu halten.

Ich erlebe Gott ganz anders: Für mich ist er der, der mich im Leid nicht allein lässt, der mir in all den Tränen ein Lächeln schenkt. Ich kenne den liebenden Gott – den Christus, der selbst gelitten hat und weiß, wie es uns geht. Den lebendigen Gott, den sinnlichen Gott, der sogar seine Freude an Düften hat und sich einen Rauchopferaltar bauen ließ. Den humorvollen Gott, der die merkwürdigsten Tiere geschaffen hat. Den Arzt und Tröster, der auch im Leid bei uns ist, der Leid und Tod überwunden hat, damit wir eine Hoffnung haben können und die Gewissheit auf ein neues Leben. Und so kam es, dass meine Oma eines Nachts in mein Zimmer kam und mich kräftig rüttelte.

„Bist du noch wach?"

Ich machte das Licht an und griff nach meiner Brille. „Ach, Oma!"

„Du bist doch wach, oder?"

„Ja, jetzt schon!"

„Na, das trifft sich aber gut. Ich kann nämlich auch nicht schlafen."

„Hm."

„Dann lass uns doch ein bisschen quatschen."

Oft wurde ich auf diese Weise geweckt. Doch dieses Mal hatte meine Oma wirklich etwas auf dem Herzen.

„Sag mir, Stephi, wie werde ich Christ? Was muss ich tun, wenn ich mich für Jesus entscheiden möchte?"

Ich fragte zurück, warum sie das jetzt tun wolle, und sie sagte: „Diesem liebenden Gott möchte ich auch gehören!" Wir beteten gemeinsam, indem sie jeden Satz laut nachbetete, dem sie zustimmen konnte. Und so entschied meine Oma sich im Alter von 81 Jahren – mitten in der Nacht auf meiner Bettkante – für Jesus Christus.

Etwa sieben Jahre später musste ich sie in Gottes Arme zurückgeben. Das fiel mir sehr, sehr schwer, denn ich verlor nicht nur meine Großmutter, sondern auch eine Freundin, die mehr Mutter für mich war, als meine leibliche Mutter es je gewesen ist. Sie war die Frau, der ich mein Überleben genauso verdanke wie meinem Großvater. Doch das Wichtigste für mich war, dass sie mich immer geliebt hatte.

Als ihre Zeit gekommen war, schlief sie friedlich auf ihrem Bett ein. Sie legte sich hin und sagte, sie müsse jetzt sterben, dann hauchte sie ihren Atem aus und war tot. Ein qualvolles Sterben hat Gott ihr erspart; davor hatte sie sich am meisten gefürchtet.

Für mich war es dennoch ein schwerer Schock! Ich war gerade fünf Monate aus Israel zurück, wo ich so viel Schönes erleben durfte. Und nun das! Ich war ernüchtert, schwer getroffen. Ich konnte nicht glauben, was da geschehen war. Ich rüttelte sie, hielt sie, ich streichelte sie und sah sie ganz genau an. War da nicht doch noch ein Atemzug? Doch als die Ärztin endlich kam, da konnte sie nur feststellen, dass meine Großmutter gestorben war.

Ich wusste zwar, dass meine Oma nun bei Jesus war, doch in meinem Schmerz war mir das nur ein geringer Trost, denn sie fehlte mir so sehr!

Wie in Zeitlupe traf ich alle Vorkehrungen für die Beerdigung. Da meine Großmutter neben meinem Großvater in meiner Heimatstadt beigesetzt werden wollte, musste sie überführt werden. Das geschah noch am selben Abend.

An der Beerdigung nahmen nur sehr wenige Gäste teil. Meine Familie war gar nicht erst erschienen. Meine Mutter schickte den größten Kranz, den ich je gesehen hatte, mit wunderschönen rosa Gerbera. Rosa und lila waren Omas Lieblingsfarben. Aber was hätte sie darum gegeben, wenn ihre Tochter ihr zu Lebzeiten auch nur ein Gänseblümchen geschenkt hätte!

Als ich die Kirche betrat, stand vor dem Altar der Holzsarg, dunkelbraun glänzend, mit Schnitzereien verziert. Es war das Gegenstück zu dem Sarg meines Großvaters vor vielen Jahren. Ich streichelte behutsam den Sarg, denn für mich war es, als hielte ich ein letztes Mal die Hand meiner Großmutter. Ich konnte mich einfach nicht von ihr trennen und so streichelte ich „meine Oma" den ganzen Gottesdienst lang. Als der Pastor dann sagte, dass wir den Sarg nun aus der Kirche begleiten würden, um ihn in die Erde zu legen, da war es, als erwachte ich aus diesem tiefen Schock. Ich weinte bitterlich!

Meinen Großvater, meinen Sohn und nun auch noch meine Großmutter: Gott hatte die Menschen zu sich genommen, die mir Familie waren, die ich so geliebt hatte. Und mich? Mich hatte er vergessen.

Zur Pastorin berufen

Es ist erstaunlich, dass Gott mein Leben trotz allem Leid so erfüllend und faszinierend gestaltet hat. Kurz nach meiner Taufe offenbarte Gott mir meine Berufung zur Pastorin. Ich sollte sein Wort Menschen verkünden, die bisher nicht erreicht wurden. Ich sollte Gottesdienste für Ortsgemeinden konzipieren und durchführen, aber auch für Menschen, die hochgradig hör- und sehbehindert oder gar taubblind sind. Zu der Zeit war ich bereits querschnittsgelähmt, beidseitig ertaubt und mein Augenlicht wurde immer schwächer.

Was hatte Gott sich bloß dabei gedacht, ausgerechnet *mich* zur Pastorin mit dem Schwerpunkt Taubblindenseelsorge zu berufen? Ich konnte mir ja selbst nicht einmal helfen. Wie sollte ich da auch nur *einem* anderen Trost und Hilfe geben? Doch im Laufe meines Lebens hatte ich gelernt, mit Gott zu rechnen und ihn beim Wort zu nehmen. Und so fragte ich nicht: „Gott, wie soll denn das gehen? Ich bin gelähmt und taubblind. Hast du das vergessen?" Stattdessen fragte ich: „Herr, wie soll ich mich darauf vorbereiten?"

Meiner Großmutter zuliebe („Kind, du musst doch etwas Ordentliches lernen!") wurde ich zunächst staatlich anerkannte Wirtschaftsassistentin mit dem Schwerpunkt Rechnungswesen und Organisation. Nach einer Predigt von Heinz-Horst Deichmann, dem Inhaber der großen Kette von Schuhgeschäften, war ich sehr beeindruckt von seinem Werdegang. Er erzählte, dass er mit Besenkehren begonnen hatte. Er hatte den Beruf des Schuhverkäufers also „von der Pike auf" gelernt. Ja, genau das wollte ich auch! Ich wollte so gut wie nur irgend möglich auf meine Berufung vorbereitet sein. Dabei war es mir wichtig, mein eigenes Tempo zu finden.

Und so kam es, dass ich vor dem geplanten Theologiestudium erst einmal ein Diplom in Sozialpädagogik absolvierte. Ich wollte nämlich herausfinden, was die Menschen benötigen, für die ich da sein sollte. Ich stellte mir viele Fragen: „Weiß ich genug über die Menschen? Werde ich sie verstehen können? Wie kann ich ihnen am besten helfen und ihnen beistehen? Wie sie begleiten?" Das Sozialpädagogikstudium war mir eine große Hilfe.

Während dieser Zeit erkundigte ich mich nach den Möglichkeiten und den Bedingungen des Theologiestudiums. Ich hatte mit vielem gerechnet, aber nicht mit dem, was mir dann begegnete. An der Universität wurde mir ein sehr altes Gesetz vorgelegt, das erstaunlicherweise noch immer in Kraft ist. Es besagt, dass nur der Pfarrer werden darf, der körperlich, geistig und seelisch ohne Fehl und Tadel ist. Man billigte mir zwar zu, geistig und seelisch ohne Fehl und Tadel zu sein, aber in körperlicher Hinsicht sei dies ja zweifellos nicht der Fall.

„Wenn Sie dann auf der Kanzel stehen, dann würde die ganze Gemeinde sehen, dass Gott Fehler macht. Das kann man doch niemandem zumuten!"

„Wollen Sie damit sagen, dass ich ein Fehler Gottes bin? Ich bin kein Fehler Gottes, denn Gott macht keine Fehler. Gott ist allmächtig!"

Wie sollte ich meine Berufung erfüllen, wenn ich keine Möglichkeit zur Ausbildung erhielt? Sollte ich nun einfach aufgeben? Nein! Gott hatte etwas mit mir vor, und ich hatte die Pflicht, ihn dabei, so gut es irgend ging, zu unterstützen. Nein, aufgeben, das war nicht drin! Es musste einen anderen Weg geben. Nie hätte ich gedacht, dass dieser Weg (bisher) mehr als zwanzig Jahre meines Lebens beanspruchen würde.

Ich wurde nicht nur staatlich anerkannte Diplom-Sozialpädagogin, sondern auch Diplom-Religionspädagogin und Diakonin. Ich wurde Gemeindepädagogin, Religionslehrerin für eine Schwerhörigenschule, kirchliche Mitarbeiterin für Kinder-, Jugend-, Erwachsenen- und Bildungsarbeit, vozierte Laienpredigerin, Seelsorgerin für schwerhörige und gehörlose Menschen mit dem Schwerpunkt der Taubblindenseelsorge, und ich promovierte im Studienfach Religionspädagogik zum Thema „Der taubblindengerechte Gottesdienst – für und mit erwachsenen Menschen mit Taubblindheit und geistiger Behinderung". Ich schloss die Promotion mit dem Prädikat „gut" ab und erhielt den Titel „Doktor der Philosophie". Dr. Stephi – unglaublich, aber wahr! So Gott will, wird meine Dissertationsschrift dazu beitragen, dass Menschen, die hör- und sehbehindert oder taubblind sind, Gottesdienste besuchen können, die sie auch verstehen, ob nun eine geistige Behinderung vorliegt oder nicht.

Im Nachhinein wird deutlich, dass Gott mich hier einen ganz besonderen Weg führt. Denn wenn ich nicht selbst von Taubblindheit betroffen wäre, hätte ich mich nie für diese Behinderung interessiert. Meinem Herzen, meiner Wahrnehmung wären diese wertvollen Menschen verschlossen geblieben.

Viele Menschen wissen nicht, warum sie ausgerechnet diese oder jene Behinderung haben. Mir hat Gott eine Antwort auf mein „Warum?" gegeben. Nie hätte ich die

Angst, das Leid und die Bedürfnisse hör-sehbehinderter und taubblinder Menschen und ihrer Angehörigen verstehen können, wenn ich gesund gewesen wäre. Oft frage ich mich, ob da nicht auch ein gutes Buch gereicht hätte; denn es ist sehr schmerzvoll, Menschen in der Seelsorge zu begleiten, mit denen man die Angst vor Dunkelheit und Stille teilt.

Ich musste zuerst lernen, meine eigene Behinderung aus Gottes Hand anzunehmen, dann konnte ich auch für andere da sein. Ich musste lernen, dass es Fragen im Leben eines Menschen gibt, die nur Gott einst ganz persönlich beantworten wird, und dass es in Ordnung ist, heute und hier nicht alle Antworten zu kennen. Viel wichtiger ist es, da zu sein, mit zu empfinden, zu verstehen, zu begleiten, Gottes Anwesenheit deutlich werden zu lassen und somit Hoffnung zu geben. Das lernt man nun einmal nicht aus Büchern.

Hör-Sehbehinderung und Taubblindheit sind keine seltenen Phänomene mehr. In jedem Senioren- und Pflegeheim leben hör-sehbehinderte und alterstaubblinde Menschen. Zunehmende Schwerhörigkeit, in Verbindung mit Grünem oder Grauem Star, ist keine Seltenheit. Die moderne Medizin vermag selbst sehr kleine Frühchen am Leben zu erhalten, doch leider kommen sie nicht selten hör-sehbehindert oder gar taubblind zur Welt, oft in Verbindung mit einer geistigen Behinderung. Nicht zu vergessen die Menschen, die im jungen Erwachsenenalter durch Krankheiten, Unfälle oder gar Misshandlungen in ihrer Seh- und Hörfähigkeit beeinträchtigt werden.

Pädagogen und Theologen sind meist ebenso hilflos wie die Betroffenen und Angehörigen. Hier sehe ich eine meiner Aufgaben: Ich möchte gern den Bedürfnissen hör-sehbehinderter und taubblinder Menschen nach gelebter Religion nachkommen, aber auch Pädagogen und Theologen, Angehörigen und Gemeinden Schulung, Austausch und Begleitung ermöglichen. Lehre und Predigt sollten aber auch nicht zu kurz kommen. Ich bin halt vielseitig und habe Spaß an meiner Arbeit. Ich verstehe sie als Berufung!

Endlich ich

Es bereitete mir Magenkrämpfe, wenn ich nur daran dachte, dass der Nachname, den mir mein Peiniger Wolfgang als Säugling gegeben hatte, nun auch noch mit einem Doktortitel geehrt werden sollte. Nein, das wollte ich auf keinen Fall! Ich sah nur drei Möglichkeiten, dies zu verhindern:

Erstens: Der Doktortitel würde nicht in meinen Pass eingetragen werden. Das wäre allerdings schade. Zweitens: Ich könnte heiraten und würde dann den Namen meines Mannes tragen. Das war aber auch nicht die Lösung, weil der „Richtige" noch nicht in Sicht war. Drittens: Die Bewirkung einer behördlichen Namensänderung. Die Namensgebung als Säugling würde auf diesem Wege rückgängig gemacht werden und ich würde fortan wieder den Namen meiner Großeltern tragen. Denn das war ja auch mein Geburtsname. Damit würde ich meine Großeltern ehren; die hätten sich bestimmt sehr darüber gefreut, wenn ihr Name auch nach dem frühen Tod des eigenen kleinen Sohnes weiter bestehen blieb.

Eine behördliche Namensänderung zu erwirken, ist in Deutschland gar nicht so einfach. Da braucht es ein ärztliches Gutachten und vieles mehr. Doch ich hatte gar keine Wahl. Nach 18 Jahren Missbrauch und Misshandlungen wurde es höchste Zeit, mir meine Würde zurückzuholen, und so wählte ich diesen Weg!

Bei meiner Namensänderung wurde nicht nur die Namensgebung rückgängig gemacht, es wurde auch mein Vorname vervollständigt. Bisher hieß ich „Stephani" – mir fehlte immer der letzte Buchstabe an meinem Namen. Doch nun wurde dieser ergänzt. Ich suchte mir einen ganz besonderen Buchstaben aus, nämlich ein „a". Und fortan heiße ich „Stephania". Ja, das passt zu mir!

Mein erstes offizielles Dokument mit dem neuen Namen war neben den neuen Ausweispapieren meine Dissertation. Nach dieser Namensänderung fühlte ich mich zum ersten Mal befreit! Das alles erscheint mir wie ein Wunder!

Schon als zwölfjähriges Kind versuchte ich, den Namen meines Peinigers loszuwerden. Ich wollte nicht heißen wie der Mensch, der mich missbrauchte und misshandelte. Darum setzte ich meinen Geburtsnamen mit einem Bindestrich hinter den Namen des Mannes meiner Mutter. In der Schule und auch später bei allen offiziellen und inoffiziellen Stellen wurde dies akzeptiert. Und sogar in meinen Ausweispapieren, in denen Wolfgangs Name stand, durfte ich mit meiner selbst geschaffenen Namenskombination unterschreiben.

Nie hätte ich gedacht, dass es doch noch möglich sein würde, die einmal erteilte Namensgebung rückgängig zu machen. Doch nun war es geschehen und das machte mich unendlich glücklich! Ja, alles in mir jubelte! Das ist viel mehr als ein Geschenk. Es ist ein neues Leben, ein Leben in Würde: „Endlich ich!"

Himmelhoch jauchzend, zu Tode betrübt

„Schlaf, Kindchen, schlaf"

Als ich 41 Jahre alt war, stellten die Ärzte fest, dass mein ganzer Unterleib voller Myome war. Es waren so viele, dass man nur noch einen Ausweg sah: die Totaloperation!

Ein Leben ohne Gebärmutter? Ein Leben ohne Kinder? Nein! Das konnte ich mir nicht vorstellen! Ich wollte immer Kinder haben, aber der passende Partner war einfach noch nicht da. Nun schien es dafür zu spät zu sein!

Ich ging brav wie ein Schaf zur Schlachtbank, als mein Operationstermin feststand. Ich hatte darum gebeten, dass man versuchen sollte, die Myome so zu entnehmen, dass meine Gebärmutter auf jeden Fall erhalten bliebe; und sollte das nicht möglich sein, nur einen Teil zu entfernen und die Operation dann abzubrechen. Auf diese Weise blieb mir vielleicht doch noch eine Chance auf ein Baby?

Neun Stunden ließ man mich nun warten. Neun Stunden ohne Zimmer, ohne Bett, auf dem Stationsflur. Neun Stunden in allergrößter Angst! Ich ging in den „Raum der Stille", der sich auf der Station befand und betete zu Gott. Ab und zu kam eine Schwester herein, um mich wieder und wieder zu vertrösten. Ich bin gewiss geduldig, aber neun Stunden warten, wenn am nächsten Morgen der Operationstermin sein sollte – nein, das war wirklich eine Zumutung! Deshalb wurde ich nun so richtig wütend.

„Jetzt reicht es mir! Morgen soll ich operiert werden und Sie lassen mich hier geschlagene *neun* Stunden warten, ohne ein Zimmer, ohne ein Bett, ohne etwas zu essen und vor allem ohne ein Gespräch mit einem Arzt. Was fällt Ihnen eigentlich ein! Ich verlange auf der Stelle, den Chefarzt zu sprechen!"

Der Chefarzt sei nicht im Haus, hieß es, aber man versprach, den Oberarzt aus dem OP herbeizurufen. Als dieser endlich kam, war er sichtlich überrascht, mich hier zu sehen.

„Was machen Sie denn hier?", fragte der Arzt. „Ich habe doch Ihrem Gynäkologen ganz klar deutlich gemacht, dass ich Sie nicht operieren kann! Sie haben doch einen Kinderwunsch. Es sind einfach viel zu viele Myome! Und Ihre Gebärmutter, die wäre auf jeden Fall verloren."

Das hatte er meinem Gynäkologen gesagt? Wie konnte dieser mich dann hierher schicken? Entsetzen erfasste mich! Wenn mein Arzt über meinen Kopf hinweg so etwas Schwerwiegendes wie eine Totaloperation entschied, ohne meine Wünsche zu berücksichtigen und ohne mich über das Gespräch mit dem Oberarzt zu informieren, dann war ich die längste Zeit seine Patientin gewesen!

Der Oberarzt schaute mich gönnerhaft, fast väterlich an. „Wissen Sie, ich habe gelesen, dass Sie ja sogar einen Doktortitel haben. Also sind Sie doch eine verständige Frau, trotz der Behinderung. Da kann ich ganz offen mit Ihnen reden. Andernfalls hätte ich die OP durchgeführt und fertig … Die Gebärmutter wäre weg gewesen. Aber in Ihrem Fall …"

Was war ich froh, dass ich promoviert hatte! Doch was ist mit den Menschen, die behindert sind, keinen Doktortitel haben und vor so einer Entscheidung stehen? Mir wurde angst und bange!

Der Arzt redete weiter auf mich ein: „Ich habe in Afrika schon Myome operiert in der Größe einer Melone. Aber Ihre Myome liegen so ungünstig ... Wenn Sie Kinder zur Welt bringen wollen, versuchen Sie es so. Vielleicht geschieht ja ein Wunder und Sie bekommen ein Baby. Wenn ich Sie operiere, dann können Sie auf keinen Fall mehr gebären. An Ihrer Stelle würde ich das Krankenhaus ganz schnell verlassen!"

Bisher war ich nicht einmal zu Wort gekommen. Und nun hatte ich nichts mehr zu sagen. Ich ging – nein, ich floh!

Auf der Straße angekommen, atmete ich tief durch. Ich hatte meine Gebärmutter behalten. Gott sei Dank! Doch was jetzt? Ein Ehemann war nicht in Sicht. Und meine Myome waren noch immer da. Was soll nun werden? Wenn ich auf meinen „Traumprinzen" warte, dann wachsen die Myome weiter und jede Chance auf ein Kind wäre dahin. Aber wie kann ich mir in kürzester Zeit einen solchen „Prinzen" herbeizaubern?

Es ist nicht etwa so, dass ich bisher keine Männer kennengelernt hätte. Es gab schon einige attraktive, sympathische Männer, aber in die engere Wahl zum Lebenspartner und Vater meiner Kinder sind sie nicht gekommen. Nein, da war gerade keiner dabei. Das heißt ... es gab doch einen, den ich sehr gern hatte. Wir waren schon recht lange platonisch befreundet. Dann zog es ihn nach Amerika und ich blieb in Deutschland. Dennoch sahen wir uns immer wieder und sprachen über alles, was uns so bewegte, auch über meinen Kinderwunsch.

„Ich habe dich gern, wie eine Schwester, dennoch oder gerade deshalb könnte ich mir schon vorstellen, für dich und deine Kinder da zu sein", sagte er.

Eigentlich wollte ich erst mit 43 Jahren ein Kind haben. Ja, so hatte ich mir das gedacht. Aber nun? Könnte ich mir mein Leben auch ohne ein Kind vorstellen? Bisher war ich ja auch allein gewesen. Nein! Ich war immer davon ausgegangen, dass ich noch Zeit habe. Afrikanerinnen können meist recht mühelos bis zum fünfzigsten Lebensjahr schwanger werden, da ist eine Schwangerschaft mit 43 durchaus denkbar.

Ein Leben ohne Kinder? Nein, das konnte ich mir für mich überhaupt nicht vorstellen! Mein Leben wäre dann ja nur auf die Arbeit reduziert und auf die vielen ehrenamtlichen Tätigkeiten. Für mich als Afrikanerin gehören Kinder zum Leben dazu. Kinder machen das Leben erst aus. Alles, was ich jemals wollte, war Mutter sein! Und jetzt war plötzlich alles fraglich und abhängig von dem Mann meiner Träume?

Wir leben im 21. Jahrhundert! Ich brauchte also nicht unbedingt einen Ehegatten, um ein Kind zu bekommen. „Künstliche Befruchtung" hieß das Zauberwort!

Als gläubige Christin? Als Theologin? Ist das vor Gott auch in Ordnung? Die Suche nach einer Rechtfertigung trieb mich zu befreundeten Theologinnen und Theologen und immer wieder im Gebet vor Gott. Letztendlich ist es eine Entscheidung, die jede Frau für sich ganz allein treffen muss.

Meine Entscheidung lautete: Ich wollte versuchen, schwanger zu werden. Die Medizin ist heute so fortschrittlich, dass ich nicht sündigen muss, um ein Kind zu empfangen. Eine – in meinem Fall anonyme – Samenspende im Ausland machte es möglich.

Doch auch eine künstliche Befruchtung ist keine Garantie auf ein gesundes Kind. Meine Schwangerschaften waren kurz und gingen sehr tränenreich zu Ende. Die Myome ließen den Kindern keine Möglichkeit zum Wachstum. Voller Verzweiflung wandte ich mich schließlich an einen Arzt in Frankfurt. Er war bereit, eine Operation durchzuführen, aber ohne Garantie: weder für mein Überleben noch für eine organerhaltende Operation.

Ich nahm das Risiko auf mich. Ein Leben ohne Kind war für mich undenkbar. Und das Wunder geschah: Ich überlebte die Operation mit einer funktionsfähigen Gebärmutter. Ich konnte gar nicht mehr aufhören, Gott zu danken!

Nach einem halben Jahr Pause versuchte ich erneut, schwanger zu werden: Anfangs war es dasselbe. Ich wurde schwanger, spürte die kleine Seele in mir … und verlor sie doch wieder.

Und dann passierte das nächste große Wunder: Zwillinge! Meine Freude war grenzenlos! Doch nach sieben Wochen starb der erste Zwilling. Von da an musste ich stationär fest im Bett liegen. Im Ultraschall konnte man die Arme und Beine, den Kopf, die Nabelschnur und den Dottersack meines Babys sehen. Es war gewachsen und bewegte sich. Doch wo war denn dieses kleine Pünktchen, das so heftig blinken musste? Etwas stimmte nicht. Das war längst allen klar, denn der HCG-Wert (der Schwangerschaftswert) stieg und fiel; er stieg an und fiel wieder ab.

Mit all meiner Kraft und in aller Liebe kämpfte ich für mein Kind. Ich nannte es Immanuel, Gott mit uns. Immer wenn der HCG-Wert kam, und das war zweimal am Tag, da wollten sie Immanuel töten. Doch ich war nicht bereit dazu. Gott hatte mir dieses Kind anvertraut und nur er sollte es mir, wenn es sein Wille war, wieder nehmen. Abgesehen davon schien sich mein Baby doch immer wieder zu erholen, denn der Schwangerschaftswert stieg ja wieder und wieder an. Nach vier Wochen verließ mich alle Kraft und ich ließ mich schließlich im liegenden Transport nach Hause bringen.

Leider war die Fahrt so holperig gewesen, dass ich eine leichte Blutung hatte, als ich zu Hause ankam. Ich war voller Angst, doch meine Hebamme sprach mir Mut zu. Die Blutung war sehr gering und so hatte ich noch Hoffnung. Nach einer Woche ging es mir aber immer noch nicht besser. Eines Nachts bekam ich entsetzlich starke Bauchschmerzen und musste zur Toilette gehen. Und dann, unter heftigen Schmerzen und Krämpfen, geschah es: Immanuel wurde geboren.

Dann kamen die Schmerzen in Schüben. Sie waren so heftig, dass ich nur noch schreien konnte! Meine Hausärztin war schnell gerufen und sie verständigte sofort den Krankenwagen und die Hebamme. Als ich dann in der Klinik ankam, mein winziges Baby in einer Schale haltend, sagte man mir, dass mein Baby tot sei. Eine Welt brach für mich zusammen!

Es stellte sich heraus, dass Immanuel eine Entwicklungsstörung gehabt hatte. Die inneren Organe waren nicht ausgebildet, man konnte mir nicht einmal sagen, ob ich einen Sohn oder eine Tochter hatte. In meiner Seele spürte ich jedoch, dass es ein kleiner Junge war. In der Pathologie ging mein Kind sogar noch verloren. Das war ganz schrecklich, denn nun musste ich auch noch darum kämpfen, den kleinen Leichnam ausgehändigt zu bekommen. Als man ihn endlich fand, holten mein Gemeindepastor und ich Immanuel ab und legten ihn in einen kleinen Sarg.

Ich fühlte mich so leer, so unendlich einsam. Mir fehlte jede Kraft. Ich hätte mich so gerne einfach fallen gelassen, aber daran war erst einmal nicht zu denken. Jetzt musste ich funktionieren, die Beerdigung stand ja bevor.

Ich hielt Immanuels kleinen Sarg während der Trauerfeier in meinen Händen und streichelte ihn fortwährend. Der Pastor sprach die Begrüßungsworte und las einen Psalm vor. Dann erzählte ich von meinem kleinen, tapfer kämpfenden Baby, das doch nicht leben durfte. Ein Lied begleitete mich durch den Gottesdienst. Es war wie ein Faden, an dem ich mich festhalten konnte. Dieses Lied war die Antwort auf meinen Hilfeschrei zu Gott, denn ich wusste einfach nicht, wie ich mich von meinem Baby verabschieden sollte. Leise und ohne Orgelbegleitung sangen wir für Immanuel:

Schlaf, Kindchen, schlaf. Der Vater hüt’ die Schaf’.
Die Mutter schüttelt’s Bäumelein,
da fällt herab ein Träumelein.
Schlaf, Kindchen, schlaf.

Schlaf, Kindchen, schlaf. Am Himmel ziehn die Schaf’.
Die Sternlein sind die Lämmelein.
Der Mond, der ist das Schäferlein.
Schlaf, Kindchen, schlaf.

Schlaf, Kindchen, schlaf. So schenk ich dir ein Schaf.
Mit einer goldnen Schelle fein.
Das soll dein Spielgeselle sein.
Schlaf, Kindchen, schlaf.

Schlaf, Kindchen, schlaf. Geh fort und hüt' die Schaf'.
Geh fort, du schwarzes Hündelein,
und weck mir nicht mein Kindelein.
Schlaf, Kindchen, schlaf.

Dann folgte das Vaterunser. Kommentarlos konnte und wollte ich das jetzt nicht beten. So las der Pastor eine Zeile und ich betete hinein. Da, wo mir die Worte fehlten, sprach meine Kollegin das Gebet weiter. Nach dem Vaterunser spielte ich „Miracle" von Céline Dion. Es war das Lied, das mein Baby und mich in der Schwangerschaft begleitet hatte:

Miracle
You're my life's one miracle
Everything I've done that's good
And you break my heart with tenderness
And I confess it's true
I never knew a love like this 'till you
You're the reason I was born
Now I finally know for sure
And I'm overwhelmed with happiness
So blessed to hold you close
The one that I love most
Though the future has so much for you in store
Who could ever love you more?
There is nothing you could ever do

To make me stop loving you
And every breath I take
Is always for your sake
You sleep inside my dreams and know for sure
Who could ever love you more?

Nach dem Schlusssegen verließen wir die Kirche und gingen hinüber zum Friedhof. Immanuel lag in einem „Mosekörbchen" mit weißen Rosenblättern und zarten blauen Blüten. Daneben seine Spieluhr, der Teddy, ein Wollschäfchen und ein kleiner Schutzengel, den ich während der Schwangerschaft geschenkt bekommen hatte. Wir gingen gemeinsam zum Grab meiner Großeltern, wo der Friedhofsgärtner bereits alles vorbereitet hatte. Der Pastor legte Immanuel zusammen mit dem Schäfchen in sein Grab. Leise sangen wir nun die nächsten (von mir geschriebenen) Strophen:

Schlaf, Kindchen, schlaf. Nun leg' ich dich ins Grab,
mit bunten Blumen um dich her,
Sehnsucht und Liebe noch viel mehr.
Schlaf, Kindchen, schlaf.

Schlaf, Kindchen, schlaf. Mein Herz, ach, das zerbrach,
als du von mir gegangen bist!
Trauer und Leere um mich ist.
Schlaf, Kindchen, schlaf.

Schlaf, Kindchen, schlaf. Ich wünschte, du wärst wach.
Ich knuddelte dich gar zu sehr
und liebe dich noch viel, viel mehr.
Schlaf, Kindchen, schlaf.

Schlaf, Kindchen, schlaf. Mein ganzes Ich stöhnt „Ach!"
Ich leg dich nun in Gottes Hand
und bin dir doch stets zugewandt.
Schlaf, Kindchen, schlaf.

Schlaf, Kindchen, schlaf. In Gottes Arm ganz brav.
Gern hätt' ich dich gewiegt, mein Kind,
doch du gingst fort viel zu geschwind.
Schlaf, Kindchen, schlaf.

Schlaf, Kindchen, schlaf. Zurück bleibe ich. „Ach!"
Der Schmerz zerreißt die Seele mir!
Ich wünschte so, du wärst bei mir!
Schlaf, Kindchen, schlaf.

Jetzt wurde das Grab mit kleinen bunten Schmetterlingen und Spielsachen an Stäben geschmückt. Die Spieluhr, der Teddy und der kleine Engel mit dem roten Sternchen wurden Immanuel auch noch mit ins Grab gelegt.

Schlaf, Kindchen, schlaf. Die Engel geben Acht.
Sie wiegen dich im Himmelbett,
singen für dich jetzt im Duett.
Schlaf, Kindchen, schlaf.

Der Pastor sprach noch ein paar Worte und verschloss dann das Grab mit der ausgehobenen Erde. Er setzte das kleine Grabmal darauf, das ich für Immanuel in Steinmetzarbeit selbst gestaltet hatte. Nun bat ich darum, allein gelassen zu werden, nur für einen Moment. Ich betete für Immanuel und sang für ihn noch die letzten beiden Strophen des Liedes, das ich für seine Beerdigung weitergeschrieben hatte. Meine Tränen flossen!

Schlaf, Kindchen, schlaf. Tausend Jahre sind ein Tag.
Die Zeit vergeht bei Gott ganz schnell,
weil ich dich wiedersehen will.
Schlaf, Kindchen, schlaf.

Schlaf, Kindchen, schlaf. Der Abschied kommt nun doch.
Du liegst jetzt in der Erde drin
und weißt, dass ich stets bei dir bin.
Schlaf, Kindchen, schlaf.

Meine Kollegin sprach den Schlusssegen. Dann sahen wir uns noch die Ultraschallfotos meines Babys an. Es fiel mir schrecklich schwer, mich von meinem kleinen Sohn zu verabschieden. Die Frau des Pastors zündete für Immanuel das Grablicht an. Ich hätte es so gern selbst gemacht, aber der Rolli wäre in der Erde versunken. Mein Sohn lag nun zwischen meinen Großeltern. In der „Besucherritze" war ich als Kind immer behütet eingeschlafen. Diesen Schutz wünschte ich mir auch für Immanuel. Das Licht brannte, als wir gingen. Dort lag meine Familie. Warum hatte Gott mich bloß vergessen?

Als ich von der Beerdigung kam, da wusste ich: Das Maß dessen, was ich ertragen konnte, war übervoll. Meine Kraft und aller Mut hatten mich verlassen. Ich wollte nur noch eins: bei meinem Kind sein! Und so rief ich bei meinem Vater an, um mich zu verabschieden …

Ein Engel für Stephania

Mein Vater sagte: „Courage, mein Kind, Courage! Du darfst jetzt nicht aufgeben! Wir brauchen dich! Hier ist ein drei Monate altes Baby, das keine Chance auf ein Überleben hat, wenn du nicht kommst und es rettest. Es ist der kleine Sohn deines Bruders Didier und seiner Frau Nadine. Wir können ihn nicht ernähren und er ist schwer krank. Stephi, das Baby braucht dich jetzt. Du darfst nicht aufgeben!"

Weitere Telefonate wurden geführt. Mein Bruder sagte, er liebe sein Baby, aber er sei sicher, dass dieses Kind nicht für ihn und seine Frau bestimmt sei: „Gott holt sich dieses Kind zurück." So kam es, dass sie den Kleinen zwar beschnitten, ihm aber keinen Namen gegeben hatten. Ich bat dringend darum, man solle dem Baby zu essen geben. Selbstverständlich würde ich die Säuglingsnahrung bezahlen. Außerdem versprach ich, so schnell wie möglich nach Kinshasa zu kommen und alles zu tun, um den Kleinen zu retten.

In einem weiteren Telefonat sagte mein Bruder: „Dieses Baby hat nur eine Chance: Mach es gesund und nimm es mit nach Deutschland. Hier wird es sterben."

„Was?" Ich konnte keinen klaren Gedanken mehr fassen. Ich wusste nur eins: Dieses Kind darf nicht auch noch sterben!

In der folgenden Woche ließ ich mich impfen, nahm einen Kredit auf und richtete mit einer Bekannten für den Fall der Fälle ein Babyzimmer ein. Sollten es sich mein Bruder und meine Schwägerin doch noch anders überlegen und ihr Baby behalten wollen, würde ich alles wieder einpacken und später nach Afrika schicken. Die Kartons standen im Keller bereit. Doch nun wollte ich auf alle Eventualitäten vorbereitet sein, auch wenn ich mir das Ganze gar nicht richtig vorstellen konnte. Ich wusste nur eins: Sterben lasse ich das Kind nicht! Ich werde alles versuchen, um diesen kleinen Jungen zu retten!

Trotz dieser Vorbereitungen dachte ich nicht gleich an eine Adoption. Ich plante erst einmal, den Kleinen zu pflegen, um ihm das Leben zu erhalten, wenn möglich bei seinen leiblichen Eltern. Denn ich wusste doch, wie schmerzlich es ist, mit leeren Armen dazustehen.

Als das Babyzimmer fertig war, kam eine Freundin mit den Fotos von Immanuels Beerdigung. Mein Herz, meine Seele, alles fühlte sich so zerrissen an! Tiefe Trauer, die Angst um das kleine Baby meines Bruders, die Hoffnung, diesen kleinen Spatz gesund pflegen zu dürfen und die Ungewissheit, vielleicht doch noch Mutter zu werden, und dann immer wieder diese Fotos: mit dem positiven Schwangerschaftstest in der Hand, mit dem Babybauch im Krankenbett, mit dem kleinen Sarg in der Kirche und schließlich vor dem Grab stehend.

Aber nun war nicht die Zeit für Diskussionen und Trübsal. Das Baby war sterbenskrank und ich musste so schnell wie möglich nach Kinshasa fliegen, um es mit Gottes Hilfe gesund zu pflegen. Nur das war wichtig!

Und so besorgte ich mir ein Visum und eine komplette Babyausstattung, inklusive Bettchen und Vaporisator, Babynahrung, Fläschchen, Windeln, Spielzeug, Kleidung und vieles mehr. Diese Babyausstattung war ein Geschenk für meine Familie. Mit all den Sachen im Gepäck flog ich nach Kinshasa.

Unterwegs betete ich unablässig für dieses Baby – und gleichzeitig häkelte ich ein Jäckchen für den Kleinen. Unendliche Liebe füllte mein Herz aus und ich wusste, dass ich alles tun würde, wenn Gott mir nur half, sein Leben zu retten! War ich dieselbe Frau, die noch vor einer Woche ihrem Leben ein Ende setzen wollte?

Mein Vater, meine Brüder Didier und Julian sowie mein Cousin Alain holten mich direkt an der Maschine ab. Vor dem Flughafen wartete meine Schwägerin Nadine mit einem kleinen Bündel im Arm. In eine weiße Decke gehüllt lag dort der süßeste kleine Spatz, den ich je gesehen hatte. Mein Herz schlug bis zum Hals! Er lebt! Vor Erleichterung und Glück rannen mir die Tränen über die Wangen.

„Courage, meine Tochter, Courage!", sagte mein Vater verständnisvoll.

Als wir in meinem Appartement ankamen, legte Nadine mir diesen kleinen Engel in die Arme. Und mein Bruder Didier sagte: „Stephi, das ist *dein* Kind!"

„Was? *Mein* Kind?"

„Ja, schau doch, es sieht aus wie du."

Und tatsächlich: Mein Bruder und seine Frau haben eine tiefschwarze Hautfarbe, aber ihr Baby ist so hell wie ich, wie Vollmilchschokolade. Der Kleine hat die gleichen Locken wie ich und seine Augenfarbe ist braunschwarz, wie meine. Er hat beim Lachen die gleichen Grübchen in den Wangen wie ich, und er hat auch einen kleinen Leberfleck auf dem Bauch. Es ist unglaublich: Dieses Kind sieht aus wie ich in seinem Alter, nur meine Haare waren anfangs noch glatt und wurden erst mit der Zeit kraus. Ich hatte dieses Baby vom ersten Moment an in mein Herz geschlossen.

Andererseits … wollte ich natürlich nicht, dass meine Schwägerin und mein Bruder ihr Kind verlören. Auch nicht an mich. So war ich hin und her gerissen in meinen Gefühlen.

Der Junge hatte immer wieder hohes Fieber. Ich fuhr von einer Klinik zur nächsten, bis ich endlich im Krankenhaus des Präsidenten einen Kinderarzt fand, der bereit war, ihn zu behandeln, und nicht einfach nur Geld scheffeln wollte. Es dauerte drei Monate, bis es dem kleinen Schatz wenigstens etwas besser ging.

Vom ersten Tag an schlief das Baby mit in meinem großen Bett. Meine Schwägerin Nadine war in dieser Zeit jeden Tag bei mir. Sie schlief im Salon. Meine Schwester Maguy und meine Schwägerin waren mir eine große Hilfe, denn ich musste mich erst an die schwierigen Lebensumstände gewöhnen: Elektrischen Strom gab es nur ab und zu – und das Wasser war ungenießbar. Schon nach zwei Tagen bekam ich von dem unsauberen Wasser eine schwere Vergiftung – genau wie der kleine Spatz in meinem Arm. Es dauerte eine Weile, bis ich Trinkwasser in einer guten Qualität fand, das ich kaufen konnte.

Aber es blieb mir gar keine Zeit zum Jammern! Die Wäsche musste gewaschen werden, und zwar mit den Händen, denn eine Waschmaschine gab es nicht. Gekocht wurde oft auf einem Metallrechaud (einer tragbaren Feuerstelle) und dieses süße kleine Baby, alle nannten es nur „Bebe", wurde von meinem Handy beschienen, damit es sich in der Dunkelheit nicht fürchtete.

Eine Maus im Appartement versetzte mich zur Freude meiner Familie in helle Panik. „Stephi, warum möchtest du, dass wir die Maus fangen? Hast du Hunger?"

Entsetzt bekräftigte ich: „Ich bin Vegetarierin. Ich esse weder getrocknete Äffchen noch aufgespießte Maden und auch keine Mäuse." (In Deutschland esse ich schon ab und zu Fleisch, aber das ist auch etwas anderes.) Alle amüsierten sich sehr über meine Ernährung, die derartige landesübliche „Delikatessen" verschmähte.

Nicht nur das Trinkwasser, die Nahrung oder die Tatsache, dass es oft keinen Strom gab, erschwerten das Leben, auch der heftige Regen brachte hygienische Probleme mit sich. Ich war nur froh, dass mein Appartement etwas höher gelegen war, dadurch waren wir von den Abwässern verschont geblieben, die in der Regenzeit die Straßen überfluteten. Da die Kanalisation offen war, verbreitete das Hochwasser die Fäkalien in den Gassen.

Mein Vater, mein Cousin Alain und die Eltern meines kleinen Neffen kümmerten sich sehr aufmerksam um mich. Der Rest meiner Familie behandelte mich, als sei ich die „Bank von Deutschland". Jeden Tag sammelten sie sich in meinem Salon und baten um Geld für Transporte, Lebensmittel, Arztrechnungen, Kleidung, Handys und vieles mehr. Immer wieder bat ich sie, mir doch das Wenige zu lassen, damit ich für den Kleinen sorgen konnte und auch selbst noch etwas zum Essen hatte. Aber es half nichts. So kaufte ich die Babynahrung auf Vorrat, damit das Kind auf jeden Fall versorgt war.

Dieses Mal war alles so ganz anders! Bei meinem letzten Besuch vor dreizehn Jahren war ich beschenkt worden und man hatte sich an meiner Person gefreut. Doch jetzt empfand ich es so, als würde für die meisten nur mein Geld zählen.

Meine Schwester Jaja-Giselle warnte mich: „Stephi,

glaube nicht, dass dir hier auch nur einer helfen wird, wenn du selbst in Not geraten solltest. Du bist hier ganz auf dich gestellt!"

Diese Missachtung und Reduktion meiner Person zur Geldgeberin war schmerzvoll für mich. Zugleich ärgerte es mich, dass ich es nicht schaffte, meinen Idealismus, meinen Wunsch von einer umsorgenden afrikanischen Familie, aufzugeben …

Dennoch erhielt ich auch dieses Mal Geschenke. Mama Cecile, die Mutter meiner Schwägerin Nadine, schenkte mir etwas Wunderbares: eine komplette afrikanische Tracht und einen Ausflug an den Kongo. Mein Cousin Alain schenkte mir ein Sommerkleid und einen wunderschönen Blumenstrauß, mein Bruder Julian brachte ein Paar Flipflops mit und mein Vater überreichte mir Früchte. Mein Bruder José beschenkte mich mit einem Neuen Testament. Didier, der Vater des kleinen Babys, bedachte mich mit einer weißen Seidenrose. Alle diese liebevollen Geschenke freuten mich sehr!

In den folgenden drei Monaten lernte ich, unter den widrigsten Umständen für ein Baby zu sorgen. Und, was ich nie gedacht hätte, es funktionierte! Sicher brauchte ich auf Grund meiner Behinderung Hilfe bei meiner eigenen Pflege, aber dieses kleine Baby konnte ich prima selbst versorgen. Meine Schwägerin zeigte mir, wie ich die kleinen Bodys knöpfen und binden sollte und worauf ich sonst noch achten musste. Vieles kannte ich ja auch schon von Desi.

Sehr schnell hatte ich so etwas wie eine seelische Verbindung zu dem Kleinen. Ich ahnte schon im Voraus, wann er zu weinen anfangen würde. Dann geschah etwas Unerwartetes: Nadine legte mir das Baby an die Brust: „Versuch es! Es ist doch jetzt dein Kind!"

Unterstützt durch spezielle Brustmassagen, brauchte ich dennoch etliche Versuche. Wenn der kleine Spatz an meiner Brust saugte, fühlte es sich an, als würden sich meine Zehennägel aufrollen und mein Gaumen kitzelte. Immer wenn ich vor Schreck juchzte, hielt er inne, sah mich fragend an, um dann ohne den Blick von mir zu wenden, ganz besonders behutsam fortzufahren. Und mit der Zeit klappte es ganz gut, ohne Schreck, ohne Juchzen, mit einem behutsam saugenden und immer wieder selig ruhig einschlafenden Baby auf meinem Arm. Es war das allerschönste Gefühl der Welt!

Ich war bereit, diesem süßen kleinen Baby alles zu geben. Aber ich konnte einfach nicht glauben, dass mein Bruder und seine Frau diesen wunderbaren kleinen Jungen abgeben wollten. Sie hatten ihren Kleinen doch lieb … Und so sprach ich immer wieder mit ihnen: „Möchtet ihr euer Kind denn nicht behalten? Jetzt ist es doch wieder einigermaßen gesund?" Aber nein. Sie hatten schon drei Kinder und waren sich ganz sicher, dass dieser kleine Junge nicht für sie bestimmt sei.

„Stephi, er sieht doch genauso aus wie du. Das ist dein Kind! Gott hat dieses Baby extra für dich geschaffen, das weiß jeder, der euch zusammen sieht. Hier hat der Kleine keine Überlebenschance. Stephi, wir wussten von Anfang an, dass dieses Baby nicht für uns bestimmt ist. Das ist *dein* Sohn!"

Diese großen Kulleraugen und der süße dicke Kussmund, diese kleinen Ärmchen, die sich so liebevoll an mich schmiegten, und das Lachen, das meine Seele jubeln ließ –

o ja, das ist *mein* Kind! Es war kaum zu glauben, aber ich sollte tatsächlich *Mama* werden!

Nun leiteten wir alles in die Wege, um die Adoption vorzunehmen. Alles begann damit, dass mein kleiner Engel endlich einen Namen bekam: Ijan Tobias Immanuel Angelino. Ijan bedeutet: „Gott ist gnädig" – er schenkt mir doch noch ein Kind; Tobias heißt: „Gott ist gut und gütig" – er schenkt uns das Leben; Immanuel: „Gott ist mit uns" – was wären wir ohne ihn? Angelino: „Engelchen" – als ich ihn zum ersten Mal sah, da sah ich in die Augen dieses Engelchens. In diesen Namen steckt auch die Erinnerung an Ijans Geschwister, die wir erst bei Gott wiedersehen werden. Und doch wird sein Name mich nie traurig machen, sondern immer nur glücklich, denn ich habe ihn in großer Liebe extra für meinen Sohn ausgesucht. Ich möchte, dass er ihm jeden Tag Freude bringt und dass er weiß: Gott selbst segnet ihn mit diesem Namen.

Dann kam der Tag der Adoption.

„Seid ihr ganz sicher, dass Ijan mein Baby sein soll?"

„Ja! Und wir freuen uns für dich und für Ijan, denn das bedeutet, dass er leben darf!"

Die Familienadoption dauerte eine Dreiviertelstunde. Der Gerichtspräsident führte sie persönlich durch und der Vertrauensanwalt der Deutschen Botschaft schickte seinen Mitarbeiter, um mich zu vertreten.

Der Gerichtspräsident sagte: „Ja, ich sehe, dass Sie behindert sind. Aber ich sehe auch eine Mutter, die von weit her gekommen ist, um dieses kleine Kind zu retten. Und schauen Sie den Kleinen doch an: Sieht er nicht genauso aus wie Sie? Das ist doch *Ihr* Sohn! Ja, ich gebe Ihnen das Baby gern!"

Mein Bruder und seine Frau küssten und herzten mich und gratulierten mir herzlich zu meinem Sohn! Auf der anschließenden Taxifahrt waren wir alle so glücklich, dass wir Loblieder für Gott sangen.

Was für ein unfassbares Wunder, denn jetzt bin ich *Mami*! Und was habe ich für einen wunderbaren Sohn!

Wie kann man Gottes Wege verstehen? Ich musste durch die Hölle gehen – und nun? Nun erlebte ich so ein unendliches Glück, das ich nicht mit Worten beschreiben kann. Ich habe einen Sohn! O Gott, ich habe einen Sohn! Und ich liebe ihn von ganzem Herzen!

Die Adoptionsunterlagen sandte ich von Kinshasa aus zur Übersetzung per Kurier nach Deutschland. Das Übersetzungsbüro schickte dann alles zu meinem deutschen Notar. Dieser machte eine Eingabe bei Gericht und ging persönlich mit einem Nachweis über eben diese Eingabe, den Übersetzungen und den Originaldokumenten zum Ausländeramt. Von dort aus wurde eine Bewilligung zur Einreise nach Deutschland an die Deutsche Botschaft nach Kinshasa gefaxt.

In der Zwischenzeit versuchten wir, einen Pass für meinen Sohn zu bekommen. Mein Cousin Alain, mein kleiner Sohn Ijan und ich fuhren zur Botschaft, um zu erfragen, ob uns noch Unterlagen für die Ausreise fehlten. Da geschah es: Die Botschaft wurde erschüttert. Was war geschehen? Bomben und Schüsse fielen. Der Bürgerkrieg war wieder ausgebrochen.

Alain und ich, wir sahen uns an: Ijans Pass lag noch im Ausländeramt! Er war zwar längst fertig, musste aber noch verschweißt werden. Was nun? Ohne Pass konnte mein Sohn das Land nicht verlassen, und meine Aufenthaltsgenehmigung war begrenzt. Was wäre, wenn das Ausländeramt von Bomben getroffen würde? Dann wäre der Pass verloren! Aber ich schwor mir: Ich würde hier auch auf der Straße leben, um nur bei meinem Sohn zu sein. Mein Kind würde ich niemals allein zurücklassen.

„O Gott, bitte hilf doch! Bewahre diesen Pass! Und mach, dass wir aus diesem Bombenhagel lebend herauskommen!"

Alain machte sich die gleichen Sorgen, aber er nahm allen Mut zusammen und verließ die Botschaft, um Ijans Pass zu holen. Eine halbe Stunde war er fort. Ich hatte furchtbare Angst, dass ihm etwas zustoßen könnte. Doch, Gott sei Dank, er kam unversehrt zurück, allerdings ohne den Pass. Im Bombenhagel konnten wir nun nichts mehr tun.

Der Botschafter bat uns zu bleiben, denn der Beschuss wurde immer heftiger. Tote lagen auf den Straßen, Häuser hatten riesige Löcher und die Straßen waren von Bombeneinschlägen aufgerissen. Dagegen waren wir im Botschaftsgebäude relativ sicher, und wir waren dankbar dafür. Hier konnte uns niemand überfallen oder gar erschießen. Aber Bomben wissen natürlich nicht, dass dies ein Teil Deutschlands ist. Sie fallen einfach herunter und treffen Unschuldige.

Ich war so froh, dass mein Cousin bei uns war!

Die Botschaft war nicht darauf eingerichtet, eine Rollstuhlfahrerin mit ihrem Baby zu beherbergen. Es gab keine Gästezimmer. Wir schliefen mit den Mitarbeiterinnen und Mitarbeitern, die nun nicht mehr nach Hause konnten, auf Matratzen im Esszimmer. Eine Mitarbeiterin der Botschaft teilte ihre Babynahrung und Windeln mit uns. Alle waren nett und hilfsbereit. So verließ uns in all der Not doch nie die Hoffnung.

Später hörten wir, dass bei diesem Angriff zwei Botschaften zerstört und eine weitere halb verbrannt wurden. Ein Botschafter war ums Leben gekommen. Die Deutsche Botschaft lag genau in der Schusslinie, doch Gott hielt seine Hand schützend über uns.

Das Personal der Botschaft half uns, wo es nur konnte. Als der Beschuss nachließ, durften mein Vater und Ijans leibliche Eltern uns sogar besuchen.

Mein Vater war in diesen Tagen auf einen hohen Berg gestiegen, um für uns zu beten. Er wollte Gott so nahe sein wie möglich, er fastete und betete darum, dass wir den Angriff überlebten. Bis heute berührt mich diese Erinnerung in tiefer Dankbarkeit!

Und dort in der Botschaft erzählte mir mein Vater von unserer Abstammung:

Ich erfuhr, dass mein Vater insgesamt fünf Frauen hat (wenn auch nicht alle auf einmal) und dass ich noch 22 Geschwister habe. Hinzu kommen unendlich viele Tanten und Onkel, Cousinen und Cousins mit vielen Nichten und Neffen. Allein die nächsten Verwandten bilden schon ein riesengroßes Dorf. Mein Vater und seine Schwester wurden von ihrem Onkel adoptiert, und auch mein Vater adoptierte die Tochter seines Bruders, als dieser verstarb. Es scheint eine lieb gewordene Tradition in unserer Familie zu sein, Kinder zu adoptieren und ihnen so das Überleben zu ermöglichen.

Mein Vater gehört zum Volk Isumo und entstammt einer Dynastie von Königen, die im kongolesischen Besaw-Nongo beheimatet sind. Das liegt in der heutigen Demokratischen Republik Kongo, in der Provinz Äquator, im Distrikt Tuapa, im Territorium Monkoto. Wir gehören zum Stamm Mongo.

Mein Vater hätte König werden sollen; doch er wollte den Thron nicht besteigen und ging stattdessen zum Studium nach Europa. Als er anschließend wieder in seine Heimat zurückkehrte, ging er aber nicht etwa nach Besaw-Nongo zurück, sondern blieb in der Landeshauptstadt Kinshasa. Daraufhin teilte sich das Volk, das aus insgesamt 44 000 Menschen besteht. Die Menschen, die sich um meinen Vater sammelten, wurden von Tag zu Tag mehr, und so kam es, dass er nun doch regierte, und zwar als Prinzregent.

Eine weitere Spaltung hat es gegeben, als Prinz Bernhard (einer der Brüder meines Vaters) nach Bandaka zog. Einen weiteren Teil des Volkes Isumo verwaltet Prinz Remond in Besaw-Nongo am Fluss Momgojo; auch er ist ein Bruder meines Vaters.

Mittlerweile könnte der Teil des Volkes Isumo, für den mein Vater verantwortlich ist, eine deutsche Kleinstadt füllen. Obwohl mein Vater heute kein König ist, herrscht er doch als Prinzregent über eben diese Menschen. Und wenn er nicht mehr in der Lage sein würde zu regieren, sollte ich seine Nachfolge antreten ...

Wie bitte? Ich?

Erst nach und nach verstand ich, was mein Vater da gerade gesagt hatte und was es für mich bedeutete. Es ist kaum zu beschreiben, was in mir vorging, als ich all das erfuhr!

Als Kind träumt man immer davon, eine kleine Prinzessin zu sein, selbst wenn das Leben noch so schwer ist. Man hat die kindliche Hoffnung, dass man vielleicht doch noch, wenn man groß ist, wie Aschenputtel dem Traumprinzen begegnet ... Und nun, mit 42 Jahren, erfahre ich, dass ich tatsächlich von Geburt an eine echte Prinzessin bin und dass mein Sohn ein kleiner Prinz ist!

Auf einmal verstand ich auch, warum sich tagtäglich so viele Menschen Hilfe von mir erhofften. Hier ging es nicht nur um einen Titel, sondern um die Verantwortung für ein hungerndes Volk.

Diese riesengroße Verantwortung drohte mich zu erdrücken! Wie kommt Gott bloß darauf, dass ich eine Prinzessin sein soll, die eines Tages Regentin eben dieses Teils des Volkes Isumo werden soll? Aber ich habe in meinem Leben schon so oft erlebt, dass Gott seine eigenen Regeln und Pläne hat. Dadurch habe ich gelernt, ihm zu vertrauen und mein Leben aus Gottes Hand zu nehmen. Genau das werde ich auch jetzt tun!

Inzwischen wurde alles notariell vor dem Gerichtspräsidenten und dem Bürgermeister in Kinshasa beurkundet. Und so habe ich es schwarz auf weiß: Ich bin Prinzessin des Volkes Isumo! Da ich aber für mein Volk mehr bewirken kann, wenn ich weiterhin in Europa lebe, werden mir (mit dem Einverständnis meines Vaters) Berater vor Ort zur Verfügung stehen, die mich in meiner Arbeit für das Volk unterstützen. In wöchentlichen Telefonaten werden wir dann alles Notwendige besprechen.

Ich werde mich bemühen, so viel wie möglich über mein Volk zu lernen, um ihm so gut wie möglich dienen zu können. Abgesehen davon werde ich Prinz Ijan so erziehen, dass er als mein Nachfolger möglichst gut auf dieses Amt vorbereitet ist. Und ich bete dafür, dass Gott mit uns ist und uns Weisheit und Liebe für unser Volk schenkt.

Dann kam der Abreisetag. Endlich erhielten wir mit Hilfe der Botschaft Ijans Pass und ein Ausreisevisum für ihn. Direkt von der Botschaft aus wurde unser Gepäck aufgegeben und wir bekamen den ersten möglichen Flug nach Europa. Gerade noch rechtzeitig erreichten wir den Flughafen. Die Straßen waren von den Bomben aufgerissen, sodass die Fahrt zwei Stunden länger dauerte als gewöhnlich.

Meine Familie stand vor dem Flughafen und konnte gar nicht fassen, dass meine Zeit in Kinshasa schon zu Ende sein sollte. Jede und jeder wurde ganz schnell, aber sehr liebevoll in den Arm genommen, dann griff ich das Cosi-Nestchen mit meinem Sohn und verschwand im Gebäude. Mein Bruder und mein Vater durften mich begleiten, weil sie am Flughafen arbeiteten. Mein Bruder gab mir und seinem Sohn noch einen Kuss und meinte: „Mission erfolgreich beendet. Ich hab euch lieb, ruft an, wenn ihr zu Hause seid." Besonders schwer fiel mir der Abschied von meinem Vater. Werden wir uns je wiedersehen?

Prinz Ijan und ich waren die letzten Passagiere, die das Flugzeug bestiegen. Ich war so erleichtert, dass es uns gelungen war, die Maschine zu erreichen! Der Abschied war schmerzlich, aber der Wunsch nach Frieden und Sicherheit zu Hause war doch größer. Ja, es war eine Flucht vor den Bomben, eine Flucht vor einem Krieg, der offiziell längst beendet sein sollte, und eine Rettung in allerletzter Minute.

Mein Baby lag neben mir in seinem Cosi-Nestchen und schlief seelenruhig. Ich betete: „Herr, danke! Danke, dass du mit uns bist! Bitte mach, dass wir jetzt nicht noch abgeschossen werden. Danke für meinen Sohn! Herr, segne meine Familie und mein Volk! Amen."

Als wir zu Hause waren, legte ich meinen kleinen Sohn in sein Bettchen und konnte nicht mehr aufhören zu zittern. Die Anspannung der letzten Monate war deutlich zu spüren. Selbst mein Kiefer bebte so sehr, dass ich kaum in der Lage war, mein Gebet zu sprechen: „Oh, danke, Gott! Wir leben!"

Hier in Deutschland erlebe ich, wie wunderbar es ist, in Frieden zu leben, genug zu essen zu haben, eine Waschmaschine, Strom und fließendes, sauberes Trinkwasser. Mein Leben ist ganz neu geworden. *Unser* Leben ist ganz neu geworden!

Und wie bei jeder anderen Mutter ist es auch bei mir: Durchwachte Nächte, weil mein kleiner Liebling wegen des Zahnens nicht schlafen kann, wickeln, Schlaflieder singen, beten, spielen, Strümpfe und Pullunder stricken (das habe ich als Kind von meiner Oma gelernt), Jäckchen häkeln, Hosen nähen (selbst wenn mein Finger dabei ab und zu durchstochen wird; keiner ist vollkommen!), Gutenachtgeschichten erzählen, Bilderbücher und Kinderlieder schreiben, Prinz Ijan in den Schlaf wiegen, ihn trösten, mit ihm lachen, ihn liebevoll erziehen – ja, es ist wie bei anderen Müttern auch. Ich muss nur manchmal etwas erfinderischer sein: Da ich einen Kinderwagen am E-Rolli nicht schieben kann, sitzt Prinz Ijan im Tragesack auf meinem Schoß. Den Wickeltisch habe ich selbst gebaut, er muss ja unterfahrbar sein; und wenn mein kleiner Schatz draußen herumläuft, sichere ich ihn an einer Lauflernleine.

Im Alltag wurde ich anfangs unterstützt von zwei liebevollen Helferinnen, einer Hebamme und einem Kindermädchen. Heute haben wir nur noch ab und zu ein Kindermädchen, wenn wir zum Beispiel zum Babyschwimmen gehen. Hier hält mich das Kindermädchen, damit ich mit meinem Sohn dieselben Übungen machen kann wie andere Eltern auch. Die Pflege, das tägliche Versorgen und die meisten anderen Dinge schaffe ich gut selbst.

Mein Sohn hat bei seiner Segnungsfeier Paten bekommen, die unsere kleine Familie hier in Deutschland vervollständigen. Sie haben ihn sehr lieb und wünschen uns nur Gutes! Darüber hinaus haben wir sogar Großeltern in Deutschland bekommen. Während meiner ehrenamtlichen Arbeit als Seelsorgerin am Stuttgarter Flughafen lernte ich eine junge Deutsche türkischer Abstammung kennen. Wir schlossen einander gleich ins Herz – und so wurde sie Prinz Ijans Patentante „Mini". Da Minis Eltern mich fürsorglich wie eine Tochter aufnahmen und auch meinen Sohn von Herzen lieb haben, sind sie nun für meinen kleinen Prinzen „Anne-Anne" und „Dede", Oma und Opa. Das ist ein großes, wunderbares Geschenk, für das ich Gott sehr dankbar bin!

Leider ist die Umwandlung von einer „low adoption" (das Kind behält den kongolesischen Pass, bleibt weiterhin in seiner Ursprungsfamilie erbberechtigt und kann jederzeit wieder abgeschoben werden) in eine „strong adoption" (mit einem deutschen Pass, einer deutschen Geburtsurkunde, ohne rechtliche Bindungen an die Ursprungsfamilie) und eine notwendige Adoptionsanerkennung hier in Deutschland sehr schwer!

Für Prinz Ijan und mich gestaltet sich dieser juristische Weg als äußerst belastend: In Deutschland darf man als behinderte Frau, alleinerziehend und über vierzig, kein Kind und schon gar kein Baby adoptieren, so dachte ich. Doch der Richter belehrte mich eines Besseren und schlug vor, meinen Sohn nach deutschem Recht noch einmal zu adoptieren. Selbstverständlich ist der Weg, den ich in der Demokratischen Republik Kongo gegangen bin, legal, auch wenn er in Deutschland nicht gern gesehen wird. Denn sämtliche Dokumente, die für das deutsche Adoptionsverfahren notwendig sind, konnten aufgrund der Notsituation, in der sich mein Baby befand, nicht eingereicht werden. Das hatte viele Probleme zur Folge, unter anderem die Angst vor einer drohenden Abschiebung meines Kindes in den Kongo.

Die Adoption meines Sohnes war eine einmalige Ausnahmesituation, weil Prinz Ijan lebensbedrohlich erkrankt war. Hinzu kam, dass ich von den hiesigen Adoptionsbedingungen gar nichts wusste. Mir ging es doch in erster Linie darum, das Leben meines Sohnes zu retten.

In Deutschland bekamen wir dann Schwierigkeiten. Die Adoptionsanerkennung wurde abgelehnt. Eine deutsche Adoption musste beurkundet und bewilligt werden. Dieser Prozess dauert nach zwei Jahren immer noch an. Es sind die längsten „Wehen" der Welt! Aber alles, was ich möchte, ist, mein Kind sicher hier in meinen Armen zu wissen. Dafür adoptiere ich ihn gern noch einmal nach deutschem Recht.

Ich freue mich, dass die Ausländeradoptionsbehörde sehr zufrieden damit ist, wie ich für meinen Sohn sorge, ihn fördere und erziehe. Täglich bete ich dafür, Prinz Ijan eine gute Mutter zu sein. Gott hat bisher unser Leben in seiner Hand gehalten – und so weiß ich auch jetzt, dass er uns hält.

Heute ist Prinz Ijan schon zwei Jahre alt! Er ist ein lebensfroher, hochintelligenter Junge. Mein ganzes Glück!

Nachwort

Dennoch bleibe ich stets an dir,
denn du hältst mich bei meiner rechten Hand.
Psalm 73,23

Ich schrieb dieses Buch in erster Linie, um Sie für die Not von Kindern zu sensibilisieren, die beschimpft, geschlagen oder missbraucht werden. Wenn mein Buch dazu führt, dass Sie auch nur auf ein einziges Kind aufmerksam werden, das misshandelt oder missbraucht wird, und wenn Sie sich für dieses Kind einsetzen, dann ist das Leid meines Lebens nicht vergebens gewesen.

Vielleicht gibt es aber auch Leserinnen und Leser, die sich in meiner Autobiografie an der einen oder anderen Stelle selbst wiederfinden. Dann würde es mich freuen, wenn ich Ihnen vermitteln konnte, dass Sie in Ihrem Schmerz nicht allein sind und dass es sich lohnt, für dieses Leben zu kämpfen. Denn dann hat auch die schwere Zeit, die ich durchmachen musste, einen Sinn gehabt.

Wenn ich auf mein Leben schaue, kann ich nur dankbar sein, denn Gott war immer bei mir – selbst als ich dachte, er hätte mich alleingelassen. Gott hat mein Leben vollkommen verändert. Mein größter Wunsch wurde wahr: Ich darf Mutter sein! Das ist für mich ein Geschenk, wie es größer nicht sein könnte. Und so kann ich bezeugen: *Gottes Güte ist grenzenlos!*

Darum möchte ich auch Ihnen Mut machen: Bitte geben Sie nicht auf. Rechnen Sie mit Gott und beten Sie zu

ihm! Er hat Wege für Ihr Leben, die Sie nicht einmal er-
ahnen.

Gott segne Sie!

Ihre Prinzessin Stephania

Dank

Danke, Gott, dass du mit uns gehst.
Ich danke von Herzen allen, die für meinen Sohn und mich gebetet haben. Danke für alle Unterstützung und Hilfe. Danke für alle Spenden für meine Familie und mein Volk in Afrika.

Für das Lektorat danke ich sehr herzlich Eva-Maria Busch und Heiner Stertkamp.

Gott behüte Sie!

Ulrike Halbe-Bauer

Margarete Steiff

„Ich gebe, was ich kann"

176 Seiten, Hardcover
ISBN 978-3-7655-1965-9

Margarete Steiff ist noch keine zwei Jahre alt, als die Folgen
der Kinderlähmung sie für ihr weiteres Leben an den Rollstuhl fesseln. Ihre Zukunft scheint verbaut. Doch Margarete
lässt sich nicht unterkriegen. Mit Gottvertrauen, Begabung
und einem starken Willen gründet sie ein Unternehmen,
das seit über 125 Jahren die weltberühmten Steiff-Tie-
re produziert. Eine Lebensgeschichte, die Sie berühren
wird.

BRUNNEN VERLAG GIESSEN
www.brunnen-verlag.de

Charlotte Hofmann-Hege

Tausend Sterne hat die Nacht

Ein außergewöhnliches Leben

256 Seiten, Taschenbuch
ISBN 978-3-7655-3672-4

Im Alter von nur sechs Jahren verliert Reinhold Schaad durch einen Unfall das Augenlicht. Alle Zukunftschancen scheinen dem begabten und hoch musikalischen Jungen nun verbaut. Doch seine ungebrochene Lebensbejahung und die ihm eigene Energie lassen ihn zu einem hervorragenden Cellospieler werden. Trotz Rückschlägen reift er zu einer echten Persönlichkeit heran.

BRUNNEN VERLAG GIESSEN
www.brunnen-verlag.de

Maßstab

0   250   500km

Z e n t r a l a f r i

K a m e r u n

Ubangi

Kongo

G a b u n

Äquator   370   ○**Mbandaka**

R e p u b l i k

K o n g o   *Mai-Ndombe-See*

340

Kwa   ○**Bandundu**

Kongo   *Kasai*

○**KINSHASA**   ○**Kikwit**

zu Angola

○**Matadi**   *Kwango*   **Kana**

Atlan-tik   A n g o l a

A f r i k a

Demokr. Republik Kongo

1000km

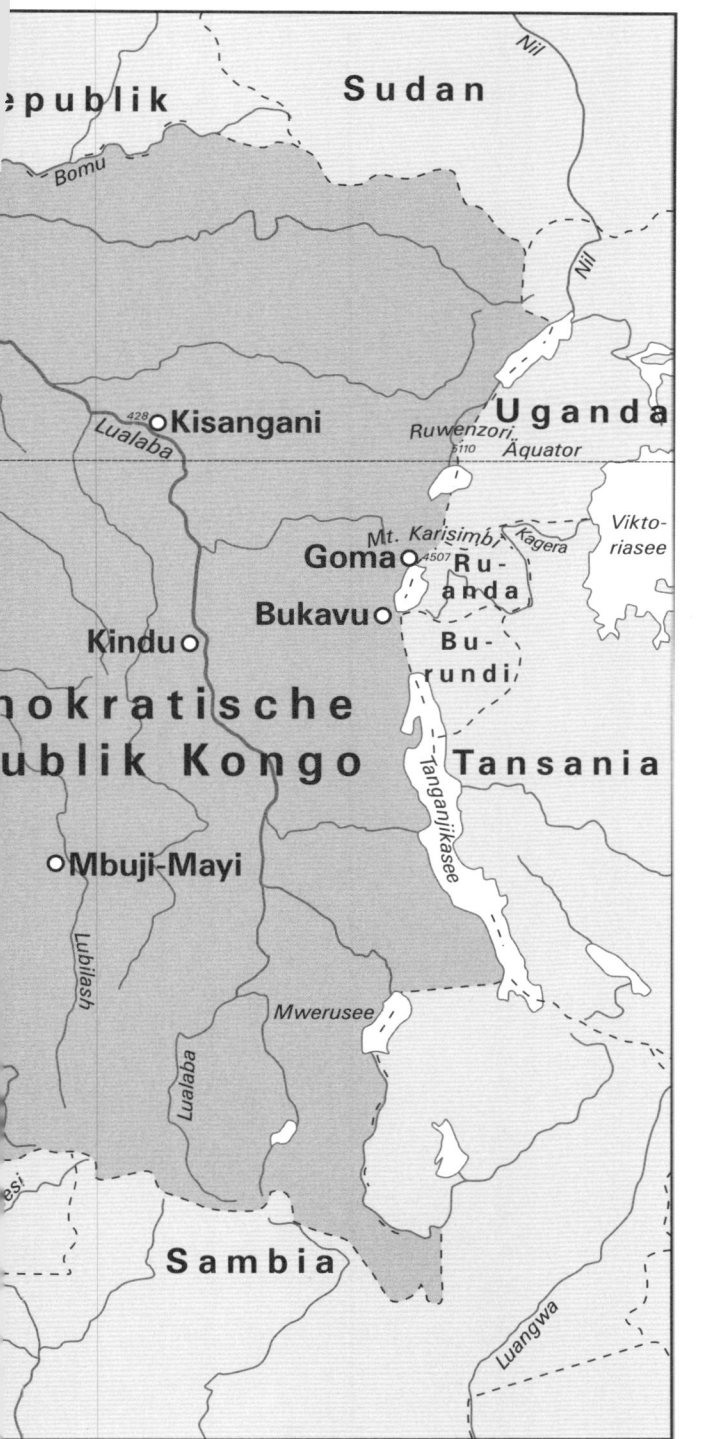